A arte e o engenho divino

Editora Appris Ltda.
1.ª Edição - Copyright© 2021 dos autores
Direitos de Edição Reservados à Editora Appris Ltda.

Nenhuma parte desta obra poderá ser utilizada indevidamente, sem estar de acordo com a Lei nº 9.610/98. Se incorreções forem encontradas, serão de exclusiva responsabilidade de seus organizadores. Foi realizado o Depósito Legal na Fundação Biblioteca Nacional, de acordo com as Leis nos 10.994, de 14/12/2004, e 12.192, de 14/01/2010.

Catalogação na Fonte
Elaborado por: Josefina A. S. Guedes
Bibliotecária CRB 9/870

	Ferreira, Lourival Aguiar
F383a	A arte e o engenho divino / Lourival Aguiar Ferreira.
2021	1. ed. – Curitiba: Appris, 2021.
	107 p. ; 21 cm – (Artêra)
	ISBN 978-85-473-4497-9
	1. Poesia brasileira. I. Título. II. Série.
	CDD – 869.1

Appris editora

Editora e Livraria Appris Ltda.
Av. Manoel Ribas, 2265 – Mercês
Curitiba/PR – CEP: 80810-002
Tel. (41) 3156 - 4731
www.editoraappris.com.br

Printed in Brazil
Impresso no Brasil

Lou Aguiar

A arte e o engenho divino

FICHA TÉCNICA

EDITORIAL
Augusto V. de A. Coelho
Marli Caetano
Sara C. de Andrade Coelho

COMITÊ EDITORIAL
Andréa Barbosa Gouveia (UFPR)
Jacques de Lima Ferreira (UP)
Marilda Aparecida Behrens (PUCPR)
Ana El Achkar (UNIVERSO/RJ)
Conrado Moreira Mendes (PUC-MG)
Eliete Correia dos Santos (UEPB)
Fabiano Santos (UERJ/IESP)
Francinete Fernandes de Sousa (UEPB)
Francisco Carlos Duarte (PUCPR)
Francisco de Assis (Fiam-Faam, SP, Brasil)
Juliana Reichert Assunção Tonelli (UEL)
Maria Aparecida Barbosa (USP)
Maria Helena Zamora (PUC-Rio)
Maria Margarida de Andrade (Umack)
Roque Ismael da Costa Güllich (UFFS)
Toni Reis (UFPR)
Valdomiro de Oliveira (UFPR)
Valério Brusamolin (IFPR)

ASSESSORIA EDITORIAL
Renata Miccelli

REVISÃO
Andrea Bassoto Gatto

PRODUÇÃO EDITORIAL
Bruno Ferreira Nascimento

DIAGRAMAÇÃO
Loraine Ferraz

CAPA
Giuliano Ferraz

COMUNICAÇÃO
Carlos Eduardo Pereira
Débora Nazário
Karla Pipolo Olegário

LIVRARIAS E EVENTOS
Estevão Misael

GERÊNCIA DE FINANÇAS
Selma Maria Fernandes do Valle

Introdução

A vida humana é atividade e amor!
É a arte de amar, agir e fazer o bem!
É a arte de agir certo e ser feliz!
Ser feliz é fazer a felicidade dos outros,
Com amor, bondade, consciência e zelo!
A todos os amigos leitores que gostam de estudar,
Meditar, pensar certo, servir bem e serem úteis.
O modesto poeta pensou bem, meditou e escreveu
Estes poemas em versos livres e soltos,
Que são mensagens de amor, esperança e paz,
Para todos os que amam e buscam a paz e o bem,
E a felicidade que os fiéis querem e precisam!
A boa leitura sempre faz bem à mente e ao espírito
Dos leitores que amam e querem ser bem-educados.
Ler e meditar faz bem à saúde mental e espiritual.
A boa leitura encanta, ensina e ilumina a alma
E o espírito do fiel, feliz, educado e ativo leitor.
O poeta escreveu estas mensagens em prosas poéticas,
Em um estilo bem simples e fácil de ler e entender
Com uma psicologia e filosofia da vida prática,
Com o intuito de transmitir e comunicar mensagens
De amor espiritual, fraternal, moral e social,
Que todos os seres humanos precisam e devem ter,
Para viverem bem e em paz neste mundo de Deus.
Onde o povo fiel luta por uma vida melhor!
Devemos ser bons, inteligentes e úteis
Para que as nossas vidas tenham valor.

Devemos ler boas mensagens e transmitir
A paz e a verdadeira felicidade para todos!
Boa leitura, paz e tudo de bom para todos.

A arte e o engenho divino

A vida, a natureza e o mundo e toda a criação
São obras da arte e do engenho divino.
Toda criação foi arquitetada e planejada
Por Deus, o criador sábio, todo poderoso, justo e amável,
Que com Sua infinita sabedoria, bondade e amor
Criou tudo o que existe e continua criando,
O rico imenso e belo reino da natureza, o mundo,
Que na realidade é formado por três reinos:
O reino mineral, o reino vegetal e o reino animal.
Tudo isso é real, formado por seres visíveis e palpáveis
No reino animal os seres humanos se destacam
Pela capacidade de pensar, planejar,
Imaginar, inventar e criar coisas: objetos úteis,
E ferramentas que são usadas em seus trabalhos.
E serviços na vida prática e na lida diária.
Os seres humanos normais têm o dever de usar bem
A consciência, a inteligência, a memória e a sabedoria,
Têm o dever de praticar o bem e ajudar ao próximo
Com bondade, amor, honra, inteligência e atividade
Têm a liberdade para pensar, agir certo e amar
Para serem felizes e fazer aos outros felizes.
A vida humana tem muito valor e deve ser amada
Honrada e respeitada para que todos vivam bem e em paz.

A vida que vivemos tem tudo para ser bela, e pode e deve ser,

Porém ela não é somente nossa, como alguns querem.

Ela pertence mais ao senhor Deus, que nos criou e nos deu a vida.

Há indivíduos que querem ter o direito de fazer o mal.

Abusam da liberdade, enganam e prejudicam ao próximo.

Se eles sentem-se felizes, enganam-se, essa felicidade é falsa.

Devem saber que serão punidos pela justiça divina.

O Astro rei e a vida real

O sol nasce e brilha com esplendor

E faz um belo e maravilhoso espetáculo,

Para o bem da vida, da natureza e do mundo,

Ilumina a terra e os mares, com bondade e calor.

O sol e a chuva fazem os solos produzir: as árvores,

As ervas e as plantas, que dão os frutos, que alimentam,

O povo, os animais e todos os viventes do mundo.

Todos os seres humanos são iguais, na matéria e no sangue,

Perante Deus, a justiça, a Lei, a luz, a ordem e a paz divina!

Todos devem pensar, agir e trabalhar certo,

Para o bem e a paz de todas as pessoas,

Com bondade, amor, honra, inteligência e atividade!

Todos devem usar a consciência e o juízo que Deus deu,

De graça e com todo amor, bondade e consideração.

A verdade, a sabedoria e a justiça espiritual e social

Estão dentro de cada alma e de cada cabeça boa,

Que pensa e age certo e faz o bem com amor,

Contra a maldade, a ignorância, a falsidade e as calúnias,

Que os perversos e covardes proferem contra os inocentes!

A terra não pratica a injustiça e não faz o mal a ninguém!
A vida humana tem muito valor, virtudes e beleza divina!
E deve ser vivida, com amor, bondade
E atividades que fazem a felicidade.
Todos devem ter consciência espiritual,
Moral e social e com todas as virtudes.
O mundo precisa de heróis de verdade,
Que lutam contra injustiças, as maldades
E as violências praticadas pelos perversos
E covardes, que fazem o mal por prazer!
O verdadeiro herói é espiritual, justo e sábio.

A vida, a realidade e a natureza

Vamos reflorestar a nossa natureza,
Para que o mundo tenha mais vida
E mais árvores que floresçam,
Frutificam e alimentam os seres vivos,
E a vida de cada vivente seja melhor.
Os seres humanos devem usar a consciência
E agir com amor, bondade e sabedoria.
Todos precisam de abrigo, alimento, amor,
Arte e atividades que fazem bem a todos.
A sociedade precisa de boas árvores que deem bons frutos
E que fazem sombras contra o calor do sol.
Precisa também de boas madeiras
Para as suas construções de casas e edifícios,
Para que todos morem e vivam bem,
Além de boas maneiras de se comportarem.

É preciso que cada pessoa e cada alma
Seja iluminada pela fé no poder divino
E todos obedeçam à lei divina com amor espiritual.
Queremos uma sociedade de justos e sábios,
Não queremos injustiças, males e calamidades
Neste mundo em que Deus Pai nos faz viver.
A vida humana é bela e tem muitos valores,
Por isso devemos praticar o bem e as virtudes.
A felicidade existe sim, quando fazemos o bem
E evitamos os males, os pecados e os vícios.
Devemos usar a consciência e muito juízo na cabeça,
Para que tenhamos boa saúde no corpo e na alma.
Vamos usar a consciência e a sabedoria
Que Deus Pai nos deu com Seu imenso amor,
Para o bem, a paz e a felicidade de todos.

O povo, o mundo, a natureza e a vida real

No mundo há muitas belezas, maravilhas e riquezas da natureza.
O mundo está cheio de recursos e riquezas naturais para o bem de todos.
Esses recursos e riquezas naturais estão em todos os lugares,
Estão na superfície da terra: nos solos férteis, nos desertos, nos rios.
Nas montanhas, nas profundezas dos subsolos, dos mares e oceanos.
Porém... neste mundo há muitas desigualdades sociais e injustiças
Que causam muitos males e sofrimentos para o povo mais fraco e indefeso.
O povo fraco sobrevive com dificuldade, dureza e problemas,
Problemas econômicos, financeiros, íntimos, políticos e sociais.
A maioria absoluta trabalha bastante, mas ganha pouco e sofre,
Por isso sobrevive com dificuldades e sofre a vida dura.

Muitos indivíduos são dominados pelos vícios, paixões e ilusões.

O egoísmo, as emoções e as paixões enganam e escravizam o indivíduo.

Muitos adoecem e morrem de tanto beber cachaça e fumar.

Querendo gozar a vida, caem na cilada do vício e sofrem,

E, assim, ficam doentes e morrem por culpa da ignorância.

Essa é a dura realidade de um povo que sofre a vida.

Muitas são as vítimas da falta de justiça e de segurança pública,

Que são atacadas por bandidos e covardes que andam livres e soltos

Pelas ruas das cidades, praticando o crime, a maldade e as violências.

O povo humilde, pobre e trabalhador sofre por causa das injustiças.

Porém todos devem ter bom ânimo e esperança de uma vida melhor.

A vida é uma luta por uma vida melhor, quem luta certo melhora.

O povo precisa de ajuda de Deus e de sábios e heróis de verdade

Para combaterem as injustiças e males deste mundo.

Deus criou o povo para trabalhar, agir e viver com dignidade.

A política social se faz com justiça, ordem, respeito e união.

A vida humana tem muito valor e valores espirituais, morais

E sociais, para o bem de todo o povo que ama e age certo.

Quem ama e faz o bem faz a vontade de Deus, vive bem e é feliz.

Encéfalo

Dentro da cabeça de cada pessoa,

Há uma massa meio cinzenta,

Meio branca, mole e úmida,

Que desafia a ciência, o conhecimento,

A cultura, a inteligência e a sabedoria,

Dos cientistas, doutores, estudiosos, gênios, mestres,

Pesquisadores e sábios ativos, que pesquisam os seres.

Essa massa maravilhosa é o encéfalo! Uma palavra grega,
Que significa dentro da cabeça.
Formado pelo cérebro, cerebelo e bulbo,
O encéfalo é o aparelho mais complexo,
Fantástico, fascinante e maravilhoso,
De todas as coisas que existem na vida real,
Na natureza e no mundo, material e animal!
O encéfalo é uma maravilha, é um milagre,
Feito com todo amor, arte, sabedoria e zelo,
Pela providência, pelo poder e pelo engenho divino.
É um milagre divino, natural e sobrenatural!
É ele quem faz a pessoa ter consciência e viver.
Ter imaginação, inteligência, juízo e memória e saber,
Sentir, pensar, lembrar, ver, amar e agir, bem ou mal.
O encéfalo é a prova irrefutável de que Deus existe!
Deus é o criador, sábio, perfeito, onipotente, justo e eterno,
Que criou o mundo e todas as coisas, por amor e bondade!
A maravilha e o milagre do amor e da bondade divina
Estão dentro da cabeça de cada pessoa sadia e útil,
Que ama, pensa e trabalha certo, com amor e dedicação!
O verdadeiro amor é racional, sábio, sadio, seguro e sincero.
A paz, a felicidade e o bem estão dentro de cada alma,
De cada pessoa que pensa e age certo, ama e faz o bem.

O orgulho e a honra

A honra é sempre boa e útil a quem a tem e a usa,
Porém o orgulho pode ser mau e prejudicial.
O mau orgulho é um erro gravíssimo,

Que faz a derrota do mau orgulhoso,

Que é derrotado no sentido espiritual e moral,

Pelo mau orgulho e pela falta de vergonha e de honra.

O covarde desleal e desonesto também tem orgulho,

Principalmente quando ele possui muito dinheiro.

Porém o dinheiro faz o orgulho, mas não faz a honra.

O desonesto é antes de tudo um falso,

É covarde, desleal, desonrado e não tem vergonha,

Mas tem pressa de possuir muito dinheiro,

Ficar rico e gozar a vida com muitos prazeres,

Fazendo o mal e prejudicando os outros,

Ele tem orgulho e é esperto aos seus próprios olhos.

Quando o orgulhoso desonesto fica doente e fraco,

Sofrendo fortes dores e febre em seu corpo,

Como é que fica a sua cabeça, a sua mente e o seu orgulho?

Será que ele se arrepende do seu mau orgulho,

Dos seus pecados e dos prejuízos que causou aos outros?

E se se arrepender, será que seu arrependimento

Será sincero, com conversão, humildade e fé firme em Deus?

A doença, a dor e o sofrimento podem ser muito úteis

Para o mau orgulhoso e pecador que sofre,

E se arrepende de todo os males e pecados que cometeu,

Desde que ele se arrependa com sinceridade,

Firmeza e confiança na providência,

No poder, na misericórdia, na justiça e no amor divino.

A voz fiel é a voz de Deus

A voz do povo faz a fama.

Sábios e heróis

Todos os povos e nações têm seus sábios e heróis
Que lutam usando a consciência, a prudência
E a sabedoria, pela paz, pela justiça,
Pela felicidade e pelo bem de todos.
Quem trabalha pensa e age certo, fazendo o bem,
Está no caminho certo para ser sábio e herói.
Infeliz é o indivíduo que não busca a verdade,
A sabedoria, a paz e a justiça para o bem de todos,
Com bondade, amor, honra inteligência e atividade.
Infeliz é o povo que não conhece, que não reconhece
E não respeita os seus verdadeiros sábios e heróis.
Há muitos falsos heróis populares: mitos e ídolos,
Em todas as regiões em que há vida humana e inteligente.
São os ídolos amados, adulados e adorados
Por muitos indivíduos ingênuos, ignorantes e fanáticos,
Enganados pela ignorância e pelo fanatismo.
São heróis somente pelo nome, pela fama
E pelo dinheiro que possuem em grande soma,
Porém são heróis inúteis, fúteis e falsos,
Pois só ajudam e fazem o bem ao próximo
Por interesse de ganhar algo de valor em troca.
Mas os indivíduos ignorantes, ingênuos e tontos
Gostam deles por causa do sucesso, do prestígio, da fortuna,
Da fama e do dinheiro que esses ídolos têm.
Devemos ter consciência, honra e humildade.
Ser humilde não é ser ingênuo, ignorante e covarde.
Ser humilde é ser gentil, honrado, íntegro e ordeiro.

Seja sábio e herói da tua vida, do teu povo
E da tua história com bondade, amor e honra.
Seja sábio antes de ser herói e seja feliz com Deus.

O duelo

Era convencido, orgulhoso e sarado
E falava para todos com bravata,
Que não levava desaforo para casa,
Que não perdoava a ninguém que o ofendesse.
Andava sempre desconfiado e armado.
Porém confiava em si mesmo,
Na sua esperteza, na sua força,
Nos seus braços e em suas armas,
Em sua faca e no revólver que possuía.
Mas não era assassino, nem bandido, nem ladrão.
Era trabalhador sistemático e pai de família.
O seu defeito era a arrogância
E a mania de arrotar valentia.
Era arrogante até nas brincadeiras.
Era desagradável e tinha poucos amigos,
Que pensavam e agiam como ele.
Um dia, o valentão se meteu numa briga
E brigou estupidamente, sem motivo justo.
Assim, dominado pelo ódio, atirou no seu desafeto,
Este, por sua vez, atirou e o acertou no peito.
E, assim, dois valentões caíram mortos,
Numa briga que poderia ser evitada.
Os dois fizeram o acerto de contas

E a justiça com as suas próprias mãos,
Deixando duas viúvas, com filhos órfãos.
Quem quiser viver neste mundo de lutas
Deve ter consciência e evitar as brigas.
Deve ser bom de espírito e saber perdoar as ofensas.
O ódio e a vingança não fazem bem a ninguém.
Só o amor e o respeito podem nos dar a paz.

Em busca da felicidade

A falta de consciência e de amor próprio e verdadeiro,
Levam o indivíduo a cometer erros e a ter vícios,
A fazer o mal e praticar crimes, injustiças e violências,
Contra os ouros e contra si mesmo,
Sem ter receio e sem sentir vergonha,
Pois os vícios fazem a consciência entorpecer.
Para cada vício tem uma desculpa mal pensada,
Que só serve para enganar o tonto e ignorante.
Quem está errado e quer ter razão é teimoso
E engana a si mesmo com seus falsos prazeres,
Que logo lhe causarão danos e prejuízos:
Doenças, dores e sofrimentos que ninguém deseja.
Não sejamos ignorantes, impacientes, implicantes e raivosos,
Pois todos esses erros são vícios e causam sofrimentos,
Pois todos querem viver bem e ser felizes.
A vida, a saúde e o dinheiro sem Deus não têm valor.
Feliz é quem ama e faz o bem ao povo que sofre,
E vive a sua vida fazendo a vontade de Deus,
Trabalhando certo, com honra e inteligência,

E pagando o que deve com justiça e lealdade.
O trabalho faz bem ao corpo e liberta a alma,
Desde que a pessoa trabalhe certo e não seja escravo.
Quem trabalha certo faz a vontade de Deus,
É um bom filho de Deus, vive bem e é feliz já neste mundo,
E no futuro terá vida eterna, com Deus, em Seu Reino,
No Paraíso Celestial, que só os fiéis herdarão.
Só os fiéis e humildes herdarão o Reino de Deus.
Vamos aprender a sermos humildes e felizes com Jesus Cristo!
Vamos buscar a verdade, a justiça e a felicidade,
Que estão ao alcance de todos, basta fazermos a vontade de Deus!

Amar é fazer o bem pela paz

A felicidade existe sim, não é uma ilusão, ela é bem real.
A felicidade não é feita só de momentos felizes com prazeres
Da vida material, com muitos prazeres que custam dinheiro.
A felicidade real e verdadeira existe para quem ama e faz o bem a todos!
Porém a felicidade é relativa, por causa das injustiças,
Da maldade e dos sofrimentos, causados pelas violências
De todos os que praticam o mal por ignorância e maldade.
Há muitos inocentes e culpados sofrendo neste mundo material,
Porém todos podem ser felizes, confiando na providência divina!
O Senhor Deus Pai quer que todos sejam felizes fazendo o bem!
O nome certo da falsa felicidade de quem faz o mal é ilusão!
A ilusão gera a tristeza, os sofrimentos e as dores para os apaixonados!
A paixão não é amor, é uma perigosa ilusão que faz mal e mata!
O infeliz se apaixona e depois sofre as consequências da paixão.
A paixão não faz a felicidade para ninguém, só engana!

Só a bondade e o amor fazem a felicidade verdadeira para quem ama!

A felicidade é real e está dentro de cada pessoa que pensa e age certo!

A felicidade se faz com bondade, amor, honra, inteligência e atividade!

Devemos amar e agir, pensar e trabalhar certo, com bondade e justiça!

O amor, para ser fiel, justo e verdadeiro e fazer a felicidade,

Deve ser: sábio, sadio, seguro, sereno, sério, servidor, sincero,

Sociável, solícito, solidário, sublime e superante.

Atenção! O amor, sem essas doze qualidades

Que começam com a letra S, não é amor!

É apenas uma ilusão e uma paixão que acaba e frustra,

Que só atrai engana trai e prejudica os infelizes.

A ilusão só gera danos, dores, perda, sofrimento e tristeza!

O amor, para ser fiel e verdadeiro e fazer a felicidade,

Deve ter as doze palavras que começam com a letra S à sua direita.

Quem ama não engana e não trai, só ajuda e faz o bem pela paz.

O cavalo

O nobre cavalo anda bem firme

E transporta o seu infeliz dono:

O cavaleiro que está bêbado,

Atordoado e montado nele,

Sonolento e curtindo a cachaça

Que bebeu num boteco na vila.

O bom animal marcha, elegante,

A passos firmes e constantes.

O cidadão que está montado

Nem se lembra como montou.

Está tonto, quase caindo,

Dominado pela cachaça
E conduzido pelo cavalo,
Que conhece bem o caminho.
Um menino vê o bêbado montado,
E debruçado no lombo do cavalo,
Fala que o homem está doente.
Porém o seu mal é a embriaguez,
Que ele deve evitar para sempre.
E, assim, segue para casa.
Quando chegam são recebidos
Pela família, que está triste:
A sua esposa, os seus filhos e filhas,
Estão tristes, preocupados e nervosos
Por causa da sua conduta vergonhosa,
Repreensível, irregular e indigna,
Que nenhum chefe ou pai de família
Deve ter na vida íntima ou social.
Porém a família está muito grata
Ao bom, gentil e nobre cavalo.

A força do espírito e da cachaça

O boteco estava cheio de fregueses e frequentadores.
A maioria era de bebedores de cachaça e bebidas alcoólicas.
Alguns já embriagados, cambaleando e caindo;
Outros meio tontos e alguns sóbrios.
Um bom filósofo que passava em frente à casa
Observou que um camarada, jovem e bastante forte,
De muita resistência física, alegre e brincalhão,

Bebeu cachaça e outras bebidas alcoólicas até cair.

O pensador entrou e fez esta inteligente pergunta

Aos fregueses que estavam comendo salgados

E bebendo cachaça e outras bebidas alcoólicas:

Qual é a coisa mais forte dos mundos material e espiritual

Depois de Deus, com o Seu Poder, Sua Providência e Sua justiça?

Ninguém respondeu, mas todos olharam e ficaram em silêncio,

Talvez com receio de errarem a resposta.

Então o experiente amante da sabedoria

Apontou o dedo indicador para o homem

Que estava caído, derrubado pela força da cachaça,

E respondeu, com firmeza e segurança:

A coisa mais forte deste mundo, depois de Deus,

É a cachaça, é a bebida alcoólica, meu povo!

O espírito líquido e ardente tem a força e o poder

Para derrubar e derrotar um homem convencido

E orgulhoso, que pensa e sente que é forte e valente,

Porém é derrubado e vencido por um copo cheio

Do apreciado e ardente líquido que abate o forte.

Porém, forte, só na força física e na aparência.

Homem forte, inteligente e sábio é aquele que evita

A embriaguez, a gula, a covardia e todos os males e vícios

Que só prejudicam a saúde física e mental dos gozadores da vida.

Paranoia e preconceito

Paranoia é uma mistura

De vários males e manias:

Ciúmes, desconfiança, ignorância,

Ilusão, orgulho e rancor sem motivo.
É um problema complexo e sério,
É uma doença mental.
O paranoico também pensa,
Porém pensa errado e desordenado,
Está errado, mas sempre quer ter razão,
É muito teimoso e tem argumentos absurdos,
Pois não usa a autocrítica
E, assim, perturba as pessoas
Que convivem com ele,
Principalmente os seus familiares.
Por isso devemos ter muita paciência
E compreensão com os paranoicos.
Não devemos ter preconceito contra eles,
Pois são doentes e precisam de tratamento
E acompanhamento médico.
O preconceito está na cabeça
De quem pensa errado e mente para si mesmo,
Não tem e nem quer ter compreensão,
Conhecimento e consciência,
Pois tem preguiça de buscar a verdade,
Tem falta de educação e informação
E muito orgulho da sua condição
Econômica, financeira e social,
Da cor da sua pele, da sua beleza
E do lugar onde nasceu.
O preconceituoso é um mau orgulhoso,
Que por falta de consciência e de autocrítica
Gosta da falsidade e da mentira.

O *reimoso*

É um rei que não tem reino,
Não tem poder político, nem trono
E nem coroa, porém quer ser rei!
Quer dominar e reinar com poder.
Mas é o rei da ignorância e da ilusão,
Porque não ama a sabedoria e a justiça
E, assim, não sabe usar a autoridade.
É genioso e age com arrogância.
Tem mania de grandeza! É soberbo!
É orgulhoso e cheio de pretensão!
Tem o sangue ruim e é desagradável.
Esse é o *reimoso*, que quer ser o rei!
Quer reinar e mandar no lugar
Onde ele está vivendo livre e solto.
Quer ser o grande rei da esperteza!
É convencido de que é poderoso,
Porém não se convence e não sabe,
Que é um infeliz, derrotado por seus erros
E por seu próprio espírito cheio de ilusões,
Pois pensa que não precisa do Senhor Deus!
Pobre *reimoso*! Que quer ser o rei poderoso;
Porém não é rei de nada, a não ser:
O rei da ignorância e da ilusão!
É um idiota indiscreto e inteligente.
É teimoso! Pensa errado e fala o que pensa!
Vive uma vida desonrada, desregrada e indigna;
Com os seus erros ele não é amigo de ninguém!

É desagradável, brigão, arrogante e agressivo!
É muito difícil lidar com esse indivíduo!
Mas Deus ajuda aos que agem certo.

Contra o preconceito

Quem tem preconceito tem preguiça
De pensar certo e buscar a verdade.
Por causa da sua falta de consciência moral,
Faltam-lhe o amor, a bondade e o respeito,
Faltam-lhe a educação e a informação.
Em seu comodismo só erra e faz o mal,
Calunia e condena o inocente indefeso,
Levado ao sofrimento físico e moral,
À tristeza, ao vexame e à vergonha.
O preconceituoso vive no erro e na ilusão,
É enganado por seu próprio espírito,
É desonrado e derrotado por si mesmo,
Porém não percebe que é um derrotado,
Pois lhe falta a consciência cristã,
Faltam-lhe a humildade e a sabedoria,
Mas não a usa por falta de boa vontade,
Não quer ser gentil, nem humilde,
Pois acha que ser humilde é ser fraco.
Por causa da sua ignorância e malícia,
Confia na sua esperteza, na força, na saúde,
E não na justiça e providência divina.
Por isso cai derrotado e desonrado.
Mas Deus dá a vitória aos humildes

E sábios que amam e buscam a verdade.
Buscam o bem e a felicidade, a justiça
E a paz, para que todos sejam felizes,
Pois todos querem a felicidade e a paz.

Que marmota é essa?

Que marmota é essa, omi seu minino?
Essa foi a pergunta com admiração e espanto,
Que o baiano, bom observador e sisudo,
Que foi criado trabalhando na roça,
Fez ao seu colega de trabalho na cidade,
Quando estavam num estabelecimento comercial,
Na grande capital paulista,
Ao ver um moço vestido de minissaia,
Como se fosse uma moa faceira.
O incrível era que o jovem era elegante,
Com uma estatura média e a pele clara,
Muito parecido com uma bela garota.
Até seus cabelos eram lisos e longos.
A diferença era quase imperceptível,
Estava somente no pescoço do moço,
Era o famoso pomo de adão.
Que marmota é essa, camarada?
Que coisa mais absurda; é até engraçada,
Que não sei se acho graça ou estranho,
Ao ver um moço vestido como uma moça.
E o pior é que se ele fosse uma mulher
Seria muito atraente, bela e encantadora.

Estranho esses tempos modernos.
Mas gosto mesmo é de mulher de verdade.

O alienado

O alienado tem preguiça de pensar,
Agir certo, trabalhar e ser útil.
O indivíduo não quer fazer nada,
Está acomodado e acostumado
Com a falta do necessário.
Sobrevive, assim, na indigência,
Só quer a liberdade e o prazer
De não fazer nada na vida,
Dorme em qualquer abrigo impróprio
Quando tem sono.
Está sempre desanimado.
Seu corpo fede para danar,
Pois ele não gosta de tomar banho.
Come restos de comida que pede ou acha,
Come frutas podres quando acha,
Bebe cachaça e fuma
Quando alguém lhe oferece.
Anda maltrapilho e sujo,
É desprezado pela sociedade,
Que não quer nem pensar
No seu problema espiritual.
Porém o pobre alienado é inofensivo,
Só faz mal a si mesmo,
Pois não é maldoso, é só alienado,
Por falta de amor próprio e de consciência

A mestra da vida

O povo precisa de sábios e heróis de verdade,
Que lutam pelo bem e pela paz de todos
O mundo e o povo precisam de amor e justiça
Para que todos vivam bem e tenham paz.
Os fatos passados bem lembrados e bem pensados
Constituem a história do mundo e do povo.
A história é a mestra da vida,
De quem usa a consciência,
A inteligência e a memória
E não tem preguiça de pensar
E buscar a sabedoria e a verdade
Quem lembra bem e pensa certo
Nos fatos passados da humanidade,
Da sua vida particular
E das pessoas conhecidas,
Luta e trabalha certo
E evita os erros, as ilusões,
As derrotas, os danos e os prejuízos.
Sempre segue o caminho do bem e da paz,
Já tem uma vida feliz no presente
E será mais feliz no futuro com o Deus Pai.

O falso esperto

Confiando em sua própria esperteza,
Na força, na saúde, no tempo e na vida.
O indivíduo vive a sua vida desregrada,
Materialista, mundana e cheia de ilusões,
Fazendo somente a sua própria vontade,
Satisfazendo-se e gozando a vida
Com muito orgulho, vaidade e vícios,
Desejos egoístas, pecados, prazeres e rebeldia,
Contra a lei e a justiça divina.
Não usa a consciência moral e a sabedoria,
Tem mais saúde e sorte do que juízo.
Mas o tempo não para pra ninguém.
O falso esperto é levado pelo vento,
Pela força, pelo impulso e pelo instinto animal,
Não usa a consciência e não tem vida espiritual,
Não tem vergonha na cara e não honra a vida,
Brinca, diverte-se e goza fazendo o mal,
Engana e prejudica aos outros e a si mesmo.
Gosta da mentira e tem preguiça
De buscar a verdade e a justiça.
Não ama a paz e a sabedoria,
Até o seu amor próprio é falso,
Mas quer ser feliz e gozar a vida
Sem ter vergonha de ser covarde e indigno.
O falso esperto é um verdadeiro idiota,
É indigno, ingrato e derrotado moral,
Mas o verdadeiro esperto sempre age certo.

É um sábio, ordeiro, honrado e heroico,
Que ama a justiça e faz o bem a todos,
Para que todos tenham a paz e a felicidade.

A embriaguez

Andando cambaleante e tonto,
Falando palavras sem sentido
E com o rosto inchado de tanto beber
Cachaça e outras bebidas alcoólicas.
Mesmo estando doente do corpo e da mente,
Sofrendo do fígado e com paranoia alcoólica,
O tonto continua bebendo e embriagando-se
E não tem vontade de parar de beber cachaça
E tratar da sua saúde física e mental.
O mau é que ele está dominado e derrotado
Pelos vícios e pela fraqueza do seu caráter,
Pela falta de consciência e de autoestima,
Pois lhe falta a força espiritual e moral
E, assim, ele sofre, e sua família também,
Pois tem que suportá-lo, com todos os seus males
E problemas que ele criou e continua criando
Com sua conduta irregular e vergonhosa.
O indivíduo está errado, mas quer ter razão.
Porém ninguém deve condenar o alcoólatra,
Pois ele já está condenando a si mesmo
E sofrendo as consequências dos seus atos:
As doenças do corpo e da mente que ele faz.
O alcoólatra precisa de médico e de remédios,

Dos cuidados dos seus familiares e amigos
E de um tratamento sério e correto,
Evitando a influência dos falsos amigos.
Só assim ele pode ser curado e libertado,
Recuperar a saúde e viver bem, com firmeza.
A vida humana tem mais valor sem vícios.
Ninguém precisa de vícios pra ter prazer e ser feliz.

Alcoolizado e alucinado

Numa noite de lua cheia e céu límpido,
O jeca bebeu muita cachaça com limão
Com os companheiros de boteco e de copos.
E logo o álcool subiu para sua cabeça.
Mas precisava andar até chegar a sua casa,
Que ficava um pouco longe do boteco.
E assim, tonto, andou pelo caminho,
Que era uma estradinha de terra
Que atravessava o córrego raso,
Com uns cinco metros de largura,
Onde não havia propriamente uma ponte,
Mas somente uma tora de madeira,
Bem reta e plena na parte de cima,
Para os pedestres cruzarem o ribeiro.
Quando o bêbado chegou à pinguela
E andou sobre ela até o meio,
O cão tinhoso do além, lá do inferno,
Apareceu-lhe do nada e de surpresa,
Querendo derrubá-lo da água.

Por incrível que pareça ele não sentiu medo,
Lutou com bravura contra o capeta,
Deu-lhe violentos golpes de faca,
Que saía fogo quando o aço o acertava,
Pasmem! O bicho pulava e bufava,
Soltava fogo pela boca, pelos chifres e pelas ventas,
Assim, os dois lutaram furiosamente,
Até que o arrenegado sumiu no ar,
E o cachaceiro seguiu para a casa.
Ao chegar foi logo dormir o sono dos bêbados.
Que Deus nos livre do espírito maligno engarrafado!

A cobra

No meio do caminho da roça,
Que passa pelo meio da mata,
Uma cobra estava enrolada,
E pronta para dar o bote.
A cobra era urutu cruzeiro,
Já crescida, criada e erada,
Muito peçonhenta e perigosa,
Daquelas que picam e matam o vivente,
Ou se não matar aleija, enfraquece
E faz a vítima sofrer muito.
O caboclo voltava da sua lida na roça
E passava por esse caminho perigoso.
Já era tarde, o sol já sumira no horizonte,
O roceiro não viu a cobra, tropeçou nela
E caiu bem em cima da serpente,

Que picou o traseiro do caipira.

Mas ele tinha uma garrafa quase cheia

De cachaça dentro do embornal,

Que levava pendurado no pescoço,

De um lado do seu corpo magro.

O caipira acabara de tomar uma dose

E estava meio bêbado, distraído e tonto.

A garrafa quebrou quando ele caiu com ela,

Derramando toda a cachaça sobre a bicha,

Que ficou toda molhada e enfraquecida,

Pois perdeu a sua agilidade e força

E morreu logo, vítima do álcool que ingeriu.

O matuto saiu ileso e foi embora,

Andando até chegar em sua casa.

Esse capiau teve mais sorte do que juízo.

O idiota inteligente

O indivíduo pensa e age mais errado do que certo,

Porém pensa que está de bem com a vida

Só porque está bem de saúde só do corpo,

E gozando uma vida desregrada e indigna,

E não está sofrendo nenhuma dor ou incômodo.

O ignorante e insensato pensa que nunca vai sofrer,

Não busca a verdade por falta de boa vontade,

E por preguiça e manha se acomoda no erro,

Despreza o senhor Deus, porém está sempre tranquilo,

Levando uma vida cheia de pecados e vícios.

Pensa que não precisa de Deus e da Sua lei.

O idiota inteligente pensa e age errado e é teimoso.

Está errado, mas quer ter razão e quer ser esperto,

É pretensioso, cheio de orgulho, vaidade e vícios,

Tem preconceitos, ignorância e falsidade.

Sente prazer em humilhar as pessoas humildes

Que ele pensa que são inferiores aos soberbos como ele.

Em sua ilusão se esquece que é mortal e perecível.

Ninguém quer cair numa cilada e sofrer uma derrota,

Porém o erro faz a derrota de quem age errado.

A vida materialista e mundana do incrédulo e infiel

Faz a sua derrota espiritual moral, é natural, é real.

Quem busca o conhecimento, a sabedoria e a verdade

Terá a felicidade de achá-las e ficar rico e herói,

Porque ser feliz e rico é ser bom, gentil, justo e sábio.

A roça de iretama

Pense, respeite e trabalhe,

Bem animado e constante,

Com amor e boa vontade,

Coragem e fé e esperança.

Faça a terra ficar fértil

E produzir muitos frutos,

Belos, de boa qualidade.

Pense e faça uma roça boa,

Faça uma roça em Iretama:

A terra mais fértil possível,

A terra mais generosa e produtiva,

A terra das abelhas e do mel,

Onde a vida é ativa e doce,
Onde o povo é gentil e humilde,
Onde o povo trabalha unido,
E planta a roça com amor,
Com esperança e fé em Deus,
Faz a roça de feijão e milho,
Faz a roça de cana bem doce,
Planta uma roça de flores,
Planta uma roça de rosas,
E cuida delas com amor.
Quem planta uma boa roça
De amor, bondade e cuidado
Colhe o bem, a paz e a felicidade.

O esperto idiota

O indivíduo tem orgulho de ser esperto,
Mas não tem consciência moral,
Nem honra e nem vergonha.
É um esperto idiota e muito pretensioso,
Que engana os pobres sofredores,
Porém vive enganando a si mesmo,
Pois não sabe que a sua falsa esperteza
Está cheia de malícia, injustiça e covardia,
E o mal que ele faz, enganando e prejudicando
O povo trabalhador, sofrido e simples,
Voltará contra ele, em forma de doenças,
De dores profundas e sofrimentos terríveis.
A realidade da vida é dura para todos.

A vida, a saúde, a riqueza, a força e a esperteza,
Sem a união e o amor para com Deus e ao próximo,
Não têm valor nenhum, só levam à derrota.
Quem pratica a violência, a maldade e a injustiça
É covarde, desavergonhado e o desequilibrado,
É um derrotado espiritual, moral e social.
Quem faz a vontade de Deus não precisa de sorte,
Pois já é feliz e rico, e tem tudo o que precisa.
Quem tem preguiça de buscar a verdade
Acredita em mentiras inventadas
Pelos inimigos do bem, da justiça e da paz.
O mundo precisa de sábios e heróis
Que praticam o bem, a justiça e transmitem a paz.
Cada um tem o direito de buscar
A sua própria felicidade, paz e prosperidade,
Porém todos têm o dever de buscar
A felicidade para todos, com amor, bondade e alegria.

O franco indiscreto

O indivíduo era presunçoso, falador,
Desagradável, convencido e afetado,
Era sábio e esperto aos seus próprios olhos,
Dizia ser muito sincero e franco
E falava o que pensava com liberdade,
Porém falava o que não devia e não precisava.
Tinha o mau costume e a mania de observar
E criticar os defeitos das pessoas que ele achava feias,
Mas não percebia os seus próprios erros e ignorâncias,

Criticava e caçoava dos aleijados, deficientes
E doentes físicos, mentais e pobres.
Não tinha educação nem respeito e nem vergonha
Era cínico e cheio de ignorância e de preconceitos.
Pensava errado e falava o que pensava, não tinha autocrítica.
Mas a realidade do mundo e da vida humana é dura.
O tempo passa para todos e não para pra ninguém.
Um dia o franco ficou doente e fraco.
Porém a sua consciência e o seu espírito mudaram para melhor.
Começou a pensar certo e a meditar sobre a realidade,
Sobre o significado da vida e da natureza humana.
Arrependeu-se dos seus erros e pecados contra Deus.
Assim, o desprezador tornou-se um filósofo.
Um bom pensador que busca a verdade e a felicidade,
Lutando contra a ignorância os males e os preconceitos,
lutando para que o povo viva em paz e seja feliz.
O mundo precisa de sábios e heróis que combatem os males.
Todos devem lutar contra as injustiças e as violências.
Quem erra deve arrepender-se, corrigir-se e pedir perdão,
E todos devem amar ajudar e perdoar aos que erram.
Só assim o mundo será melhor e todos viverão em paz com Deus.

O último dos Mói Canas

O caboclo chegou à cidade,
Conduzindo uma carroça,
Puxada por um bom burro.
Dentro da carroça estava bem,
Imobilizado, amarrado e embrulhado,

Com alguns grandes pedaços de panos,

O corpo vivo de um maníaco e pedófilo,

Que atacava meninas e moças.

O capiau, muito calmo e corajoso,

Está bastante à vontade

E fala com o delegado:

"Seu doutor delegado da justiça,

O marginar tentou fazer mar pra moça,

No meio do meu canaviar, no meu sítio.

Por isso peguei e dominei o bandido covarde,

E trouxe este bicho até aqui pro sinhor,

Prendê esse mardito do inferno".

O delegado admirou a atitude e a coragem

Do caipira paulista, lavrador e plantador

De cana-de-açúcar e fazedor de rapaduras.

Todo satisfeito, disse assim:

"Parabéns pela sua boa vontade e coragem,

Ó valente e grande herói da roça.

Eu te admiro estimo e considero,

Com toda a minha consciência e coração".

Assim, o bandido, covarde e desenvergonhado,

Foi preso, graças à coragem do roceiro,

Que continuou morando em seu sítio,

Moendo canas e fazendo rapaduras,

Para viver com bondade e coragem a doce vida.

O urubu

Ao sobrevoar a pastagem no belo sítio,
Dando voltas ao lado de um bosque,
O animado urubu procurava algo para se alimentar
E logo viu e observou bem, um caipira idoso e pálido,
Que estava descansando da sua costumeira caminhada.
Sentado num banquinho de madeira,
Que ele sempre levava para onde ia.
O caboclo fumava despreocupado e descuidado,
Enquanto descansava sentado e tranquilo.
A encantadora e florida propriedade pertence a ele,
Que é aposentado e economicamente bem de vida,
Porém o infeliz ficou doente de tanto fumar.
Ao ver a fumaça no ar e o fumante tossindo,
O urubu ficou irritado, revoltado e quis puni-lo.
Então decidiu apagar o nocivo cigarro
Que o jeca estava fumando e se prejudicando.
E, assim, voou bastante baixo e bem devagar,
Defecando direto no nariz do infeliz,
Que estava distraído e não percebeu a presença da ave.
Logo o matuto se assustou, ficou apavorado e aterrorizado,
Ao sentir o fedor, a horrível imundice e a sujeira
Que a ave carniceira fez em seu nariz,
E assim os excrementos apagaram o seu cigarro,
Alguns camaradas que estavam no local
Assistiram àquela cena e socorreram a vítima,
Levaram-no ao hospital mais próximo,
Onde os médicos o trataram devidamente bem.

Depois desse fato o capiau nunca mais fumou
E passou a cuidar melhor da sua valiosa saúde.
A ação do urubu o ajudou a usar o juízo que Deus lhe deu.

Contra a falsidade e o preconceito

A falsidade, a ignorância e a maldade
Formam o fundamento do preconceito,
Que está na cabeça do indivíduo
Que pensa errado e tem preguiça
De buscar a justiça e a verdade.
Preconceito é a falta de consciência
E de amor espiritual, moral e social.
É falta de educação e de informação.
O preconceituoso é enganado por si mesmo,
Pelas aparências e pela ignorância.
Vive no erro, na ilusão e gosta da mentira,
É teimoso, está errado e quer ter razão,
É um verdadeiro idiota, ignorante e infeliz,
Pois não quer ser educado, gentil e humilde.
É enganado pelo seu próprio espírito,
Não quer respeitar as pessoas humildes,
Que ele julga que são inferiores,
Porém quer ser respeitado por todos.
O preconceituoso desavergonhado é um derrotado
Espiritual, moral e em todos os sentidos.
É um pretensioso e infeliz que se julga
Muito esperto, muito forte e muito vivo,
Porém o convencido não pensa e não sabe

Do sofrimento que o espera no futuro
Se não se arrepender dos seus erros e pecados
E converter-se para uma vida melhor e mais honrada.
Deus criou os seres humanos por Seu infinito amor,
Para que todos sejam bons, felizes e honrados,
Justos, leais, ordeiros e trabalhadores,
Para que todos amam e sirvam uns aos outros.

Os déspotas esclarecidos

Os ricos políticos poderosos e inteligentes,
Dominam, mandam e manipulam a massa.
O povo que trabalha e serve como pode,
Ao sistema á república á nação e ao estado.
Trabalhando e pagando impostos e contas,
E assim contribuindo para o bem dos ricos poderosos.
O estado é dos ricos políticos, eles têm o poder nas mãos.
O povo luta pela sobrevivência, com dificuldades.
Há problemas sociais e sofrimentos individuais.
Há muita injustiças, neste mundo dos espertos e vivos,
Eles não são causados pela maioria, nem pelas crianças,
E nem pelos inocentes, inofensivos e fracos.
Os bandidos covardes, desleais e perversos,
Praticam a injustiça, a maldade e a violência.
A realidade é dura para as vítimas dos maus.
Os criminosos matam, fogem e escondem-se.
Assim a maioria dos crimes ficam impunes.
Pois o estado nem sempre faz justiça e paz,
E nem sempre dá segurança ao povo humilda.

A sociedade é ativa, trabalha e serve à república.

A indústria e o comercio, geram empregos e serviços,

E a economia que domina todo o sistema e situação.

Os déspotas esclarecidos tem o poder em suas mãos,

E em suas mentes para dominarem os seus estados e povos,

Porém não tem condições para solucionar satisfatoriamente

Todos os problemas econômicos, políticos e sócias.

Pois nada e nem ninguém é perfeito, neste mundo material.

A justiça, a lei e a ordem devem estar em todas as almas

Pois todos querem ser felizes e viver em paz.

Sabemos que a vida é uma luta, por uma vida melhor.

Liberdade: moral, palavras e palavrões

Devemos usar a consciência, o juízo,

E ter todo cuidado com os pensamentos,

Para não transformá-los em palavras

Desagradáveis, indiscretas e preconceituosas.

Não devemos ser arrogantes e implicantes,

Usando palavras feias e humilhantes,

Que causam nojo, raiva e vergonha.

Devemos usar a autocrítica, observar e analisar

Com toda a atenção, calma e inteligência,

Que o comportamento e a personalidade

Do desavergonhado, desequilibrado,

Desrespeitador e preconceituoso

É a prejudicialidade praticada verbalmente

Através de mentira, da falsidade e da calúnia.

A vida, na realidade, é dura, cheia de dificuldades

E problemas sérios e graves que muitos indivíduos criam,

Por falta de consciência, de cuidado e de respeito,

Por desonestidade, irresponsabilidade e má vontade,

Por maldade e abuso da liberdade e do poder,

Porém todos devem ter todo cuidado e atenção

Para não criar problemas e dificuldades para vida.

Devemos resolver os problemas que a vida nos cria,

Devemos viver a vida com zelo, sabedoria, juízo,

Honra, consciência, bondade e amor espiritual e fraternal,

Para que todos tenham a paz e a felicidade com Deus.

Para que a vida humana tenha valor e valores espirituais

É preciso que todos trabalhem certo, com boa vontade,

Todo esforço, envolvimento e comprometimento,

Em ajudarem uns aos outros com bondade e respeito

Para que sejam felizes com Jesus Cristo.

A bomba humana: o perverso terrorista

O sistema é bruto, a realidade é dura, séria e cheia

De dificuldades e problemas que os maus elementos criam.

O covarde maldoso ataca o mais fraco e indefeso,

Pois quer fazer somente o que é mais fácil e mais cômodo.

A vida sem Deus não tem valor. Mesmo com todas as riquezas

Todos devem se comportar com todo o cuidado e atenção,

Pois a maldade, a ignorância, os erros e o fanatismo

Transformam o indivíduo que pensa e age errado

Numa verdadeira e violenta bomba humana:

Terrível, perigosa e cheia de maldade que mata,

É a bomba feita de carne e osso, que explode,

Aterroriza, destrói, incendeia e mata inocentes.

O mal da humanidade é a falta de amor espiritual e fraternal,

É a falta de bondade, consciência, gentileza, respeito e união

Dos indivíduos que pensam errado e praticam o mal.

O malandro confia muito na sua própria esperteza,

Na sua força, na saúde, no tempo e na vida,

Confia na sua vida material, mundana e cheia de ilusões.

É muito convencido, orgulhoso, vaidoso e não crê em Deus,

E nem crê na Sua justiça, no poder e na providência divina,

Não pensa no sofrimento, nas dores e na sua morte,

Em sua falta de consciência quer ter a vida eterna

Aqui, neste mundo material, natural e cheio de maldades.

Esse indivíduo vive enganado por sua própria ignorância

E dominado pelo egoísmo, pelas ilusões, paixões e vícios,

Gosta de enganar o povo, que não conhece a verdade sobre ele,

Porém em sua presunção e vaidade, engana a si mesmo,

Faz a política da enganação, para enganar o povo trabalhador.

O sonso enganador é um derrotado espiritual e moral,

Mas Deus sempre ajuda a todos os que agem certo.

Contra a ignorância e o orgulho

O orgulhoso não é sábio, nem herói,

Por isso quer fugir da realidade.

Não busca a verdade e enganando

A si mesmo sente-se feliz,

Com a sua ignorância, ilusão e orgulho,

Com a sua pretensão, teimosia e vaidade.

Enquanto o orgulhoso está alegre

E gozando de boa saúde física,
Ele pensa que não precisa de Deus,
Despreza o Senhor Deus e a sabedoria,
Ofende o Senhor com suas blasfêmias,
Com suas brincadeiras covardes e idiotas.
Com suas piadas ofensivas e maldosas,
Ele sente-se bem, "feliz" e goza a vida.
Gosta da mentira e não busca a verdade,
Porque pensa errado e tem preguiça.
Tem preconceito contra os doentes,
Pobres e deficientes físicos e mentais,
É maldoso e covarde contra os pobres,
Logo os que mais sofrem neste mundo.
O orgulhoso é, antes de tudo, um tonto,
É indigno, ignorante, desleal e covarde.
O mau orgulho não faz bem a ninguém,
Só engana, prejudica e mata a alma.
Quando o mau orgulhoso, gozador da vida,
Fica doente, fraco e sofrendo no corpo,
Fica desesperado por causa das dores.
Quem usa bem a consciência e o juízo
Não tem orgulho, não é soberbo nem tonto.
Mas ama, faz o bem e honra, é sábio e herói.

Os atiradores de ovos

Os dois maus elementos se encontraram no boteco
que sempre frequentam na vila onde moram.
Ambos são bebedores de cachaça e outras bebidas alcoólicas

E desenvergonhados, da baixa sociedade, da escória do povo.

Logo, os dois pilantras se estranharam, com raiva recíproca,

E começaram a se ofender mutuamente, com ódio,

Com palavras obscenas e ofensivas, de baixo calão

Foram muitas ofensas verbais e xingamento,

De ambas as partes, pois os dois se odeiam,

E logo entraram em luta corporal, com força bruta,

Aos empurrões, socos e pontapés, e com muita raiva.

Ao verem algumas bandejas cheias de ovos de galinhas

Que estavam sobre uma mesa ao lado de outros produtos,

Foi aí que começaram a atirar os ovos, um contra o outro.

Atiravam e acertavam sempre um no outro e vice-versa.

Assim, os dois marmanjos brigões ficaram lambuzados e sujos

Pelas claras e gemas dos ovos, até que, enfim, pararam.

Os fregueses que estavam presentes não interferiram na briga,

Pelo contrário, afastaram-se, com receio de se sujarem

Com as claras e gemas dos ovos atirados pelos brigões.

E, também, eles não queriam se envolver naquela briga,

Causada só pelos dois infelizes, que gostavam de desordem.

Mas se enganaram ao pensar que não tinham nada a perder.

Vencidos pelo cansaço, logo pararam de brigar e saíram calados.

E assim foram embora, cada um seguiu um rumo diverso.

O pior é que quem ficou com o prejuízo material, moral

E muito contrariado, nervoso e triste com o fato,

Foi o dono do boteco, o Seu Gentil Urbano,

Um cidadão bom, honrado, ordeiro e trabalhador zeloso,

Que só quer viver bem e em paz, com Deus, o mundo e o povo.

Amor e zelo

O amor é uma virtude divina,
Que nasce na alma iluminada,
No coração e na consciência
De quem usa a inteligência,
A razão e a sabedoria da vida.
Quem ama não enlouquece,
Não se embriaga e não se mata,
E não mata a ninguém, nem faz mal,
Por amor não correspondido.
A paixão é um erro, uma ilusão,
É um triste vício que mata.
Ame, faça o bem e seja bom e sábio,
Seja gentil, seja feliz amando com zelo,
Sem ciúmes, sem paixão e sem paranoia.
Ame, seja bom, feliz e vencedor para sempre.
Ame, seja fiel e seja feliz com o povo de Deus.
Ame, seja justo e seja feliz com Jesus Cristo.

A política justa

Queremos uma política justa,
De sábios, justos e heróis,
Que trabalham certo, com bondade,
E lutem pelo bem e pela paz,
De todo o povo que sofre.
Não queremos injustiça,

Nem maldade, nem violência.
Queremos uma política social,
Em que todos trabalhem unidos,
Ajudem uns aos outros,
Com boa vontade, respeito e honra.
Não queremos corruptos, covardes,
Desleais, ingratos e traiçoeiros.
O erro faz a derrota dos espertos,
Que enganam e prejudicam aos outros.
Os sábios, justos e heróis
Sempre vencem em suas lutas
Porque lutam pelo bem,
Pela paz e pela felicidade
De todo o povo de Deus,
Pois todos queremos ser felizes.
Pois Deus criou o Seu povo
Para ser fiel, justo e ordeiro
E viver feliz para sempre,
Com a Sua graça e paz.

O filósofo e poeta do povo que luta e sofre

Sou o filósofo e poeta do povo que luta e sofre
As doenças e os males do corpo e da alma, mas luta.
Seja pobre ou rico, culpado ou inocente, resiste e vive.
Seja o sofredor covarde ou herói, bom ou mau,
Seja sábio, inteligente ou insensato, sofre e resiste.
Quem nunca sofreu nesta vida cheia de problemas e males?
A vida é dura para quem sofre, é a dura realidade.

Seja o sofredor duro ou mole, forte ou fraco, deve lutar.
A vida é uma luta por uma vida melhor, e quem luta melhora.
Todos nós queremos a felicidade e a vitória com Deus.
A vida sem Deus, sem luta, serviço e trabalho útil
Não tem honra, nem valor e nem vitória, é uma derrota.
O herói, para ser herói de verdade e ter valor e honra,
Deve viver e morrer lutando e servindo ao povo,
Com boa vontade, sabedoria, inteligência, honra e coragem.
O povo quer e precisa viver com dignidade e com Deus.
Alguns indivíduos só querem prazeres materiais,
Querem uma vida mundana cheia de ilusões e vícios,
Uma vida desregrada, sem respeito, sem honra e sem Deus,
Que só leva ao sofrimento, às dores e à morte da alma,
Todos querem viver bem e ser felizes para sempre,
Mas nem todos querem fazer o bem e ser úteis.
Os covardes querem ter prazeres e gozar a vida
Fazendo o mal aos inocentes e indefesos.
Depois pagarão com as dores, é castigo merecido
Que os bandidos, covardes, desleais e maldosos sofrerão.
Quem tem inteligência deve usá-la só para fazer o bem,
Para promover a justiça e a paz e ser útil ao mundo.
O povo precisa muito de amor e justiça, paz e serviço
Para viver bem, ser feliz, com a graça de Deus Pai.

O insensato

É um franco falador do tipo papagaio,
Que fala o que não sabe e não sabe o que fala.
É um franco ignorante indiscreto e irreverente,

Que está errado, mas quer ter razão.

Pensa errado e fala o que pensa.

Fala tudo o que não convém e não deve.

Não busca a verdade e a sabedoria.

É ignorante e gosta da mentira.

Não ama o bem e a justiça.

Ama as brincadeiras desagradáveis e idiotas.

Vive cheio de malícias, paixões e vícios.

Vive na ilusão e no mau orgulho.

Tem preguiça de pensar e de estudar.

Goza por ser tonto, indiscreto e ignorante.

Tem a cabeça dura, o miolo mole.

É um adulto infantil que tem a mente leviana.

Mas esse idiota insensato não é inocente.

Só não usa o juízo que Deus lhe deu de graça!

Só quer ter prazeres e gozar a vida material

E viver os momentos felizes neste mundo,

Que ele ama, sem compromisso com o bem,

Sem dignidade e sem responsabilidade!

Esse gozador da vida não tem vergonha,

De ser infeliz e derrotado espiritual,

Pois não sente a derrota moral e a desonra

E não sofre por falta de consciência.

Não quer ter uma vida honrada e sábia,

Uma vida digna e espiritual com Deus.

Mas o tempo não para pra ninguém

E Deus faz justiça para todos.

Navegar na realidade da vida

Seja herói da tua vida e da tua história,
Faça o bom uso da tua consciência e do juízo,
Que Deus te deu de graça e com amor,
Use a tua imaginação e a tua inteligência
Com bondade, amor, honra, inteligência e atividade,
Tenha memória e use a sabedoria.
Seja bom, sábio, honrado e trabalhador,
Seja iluminado pelo espírito divino,
Seja o herói da tua vida e do teu povo,
Tenha cultura, memória e sabedoria.
Navegue e confie na providência divina,
Navegar é conhecer a realidade da vida.
Navegue no teu conhecimento e na imaginação.
A natureza é bela e cheia de maravilhas,
As águas dos oceanos envolvem o mundo
Cheio de riquezas minerais, vegetais e animais,
Que formam o reino visível, material e natural,
Que Deus criou por Seu infinito amor, bondade,
E sabedoria, pelo poder infinito e absoluto
Da Sua vontade, atividade e arte de amar.
Nessa navegação de cabotagem, o barco para na enseada,
Onde os navegadores o ancoram no porto seguro
Para que seja provido e muitos passageiros desembarquem
E embarquem outros e outras, e todos sigam os seus destinos,
Pois cada um tem a sua história e todos querem viver bem,
Com saúde e paz e serem felizes para sempre.
Todos devem transmitir a paz, a justiça e a felicidade.

A vida humana deve ser feita de atividade com justiça.

Admirável povo novo

Amemos as crianças: meninos e meninas de pouca idade,
Frágeis ou cheias de saúde e vida, mas indefesas
E muito tempo para viverem no futuro, que é mistério,
Esperamos em Deus, pois só Ele sabe o que acontecerá.
Crianças que estão sendo ensinadas e educadas
Por seus pais, em suas casas, e pelos mestres nas escolas,
Que estão aprendendo com a família e com a escola,
Que estão aprendendo a viverem com a vida e com o mundo,
Com o povo de mais idade e mais vivido e experiente,
E com a sociedade, a viver a vida social e a arte de ser feliz.
A vida é a atividade das atividades, das artes e do saber.
A vida é consciência, a criatividade e a inteligência,
O juízo, a memória e a sabedoria dada por Deus.
Há crianças que muitas vezes sofrem, vítimas de maus-tratos,
Da maldade e da covardia dos mais crescidos, os adultos.
O povo de mais idade precisa amar, respeitar e zelar,
E dar bons exemplos ao povo novo, formado pelas crianças:
Os meninos e meninas, cheios de saúde e vida, mas...
E vontade de viver e serem felizes como Deus quer.
Vamos amar e cuidar bem das nossas crianças,
Todos precisam aprender a ser bons e justos.
Jesus Cristo disse ao povo que ouvia as suas pregações,
Com palavras de autoridade, verdade e vida espiritual:
"O reino dos céus é das crianças inocentes e indefesas
E de todos os que têm um coração bom e humilde, iguais a elas".

O amor está na alma e na consciência de quem ama.

A vida só tem valor com amor, bondade, justiça e paz ativa.

A felicidade é um estado de espírito de quem ama e faz o bem.

Todos devem amar, agir com dignidade e perdoar as ofensas.

Amar e fazer o bem é o caminho para a felicidade.

Ser bom, feliz e sábio

A vida é real, não uma ilusão e nem um sonho,

Por isso deve ser inteligente, justa e sábia.

A vida não deve ser vivida com erros e ilusões,

Ignorância, injustiças, mentiras, paixões e vícios.

Quem busca a paz, a sabedoria e a verdade

Percebe a realidade do mundo e da vida,

Não é convencido e não tem mau orgulho,

Mas tem honra, consciência e bondade.

Sofrer por ignorância e ilusão é idiotice.

O preço da ignorância é pago com a dor.

Busque a verdadeira riqueza, que é o amor e a paz,

Seja rico de amor e paz ativa com bondade e sabedoria

Antes de ser rico somente de bens materiais,

De dinheiro, fazendas, gado e propriedades que dão lucro,

Pense bem, trabalhe certo, economize certo e seja rico com Deus.

Ajude aos pobres, necessitados, fracos e doentes,

Seja o herói da tua vida e do teu povo.

Ame a justiça, a sabedoria e busque a verdade.

Conheça a vontade divina, seja justo, leal e ordeiro,

Seja bom e amigo de Deus e do Seu povo

E seja feliz em fazer a vontade divina.
Ame e faça o bem aos teus inimigos,
Mas tenha todo o cuidado com eles.
Mantenha uma boa distância deles,
Medite bem e ore por eles e peça ao senhor Deus
Que perdoe as suas maldades e os seus pecados.
Confie na justiça e na misericórdia divina.
Confie no poder divino e serás feliz, salvo e vencedor.

A vida social: a política e o dinheiro

A vida animal e a vida humana são de origem divina,

Por isso a vida humana tem muito valor e valores

Espirituais, morais e sociais, que devem trazer a paz,

O bem e a felicidade para todos, o povo e a sociedade.

A justiça e a lei estão na consciência de cada pessoa.

A felicidade está dentro de você, basta amar e ser justo.

Ser feliz é promover a paz e a justiça e o bem de todos.

Ser feliz é ser bom, gentil, humilde e trabalhar certo.

Ninguém é feliz praticando a injustiça e a maldade.

Pense bem, ame a justiça, seja bom, justo e sábio.

Seja competente, mas seja honesto acima de tudo.

Pois ser competente é ser honesto e fazer o bem a todos.

Quem tem boa saúde, dinheiro e ouro no cofre,

Não sofre e nem sente a dureza da vida,

Mas nem por isso deve ser comodista e covarde

E não ajudar aos pobres, necessitados e doentes.

O herói justo e rico sempre ajuda aos pobres doentes.

No mundo não há coisa pior do que um covarde rico.

Os corruptos covardes e injustos da política falam com cinismo
Que as leis são feitas só para os mais fracos obedecerem
E serem dominados pelos mais fortes e poderosos.
Neste mundo de muitas maldades, injustiças e violências,
Os fracos podem se tornar heróis pelo bem que fazem,
Mas, os maus, fortes, tornam-se covardes pela maldade e omissão.
O dinheiro deve ser usado só para fazer o bem a todos.
O amor ao dinheiro é sempre fiel e verdadeiro,
Porque o dinheiro é bom e não faz mal a ninguém,
Não trai, não prejudica e não mata por si mesmo,
Só causa satisfação, prazeres, festas e alegria.
Faça só o bem com o teu dinheiro que Deus te abençoa.

O apressado e estressado

Em sua pressa irracional, o indivíduo age errado,
Perde o seu precioso tempo, o dinheiro e a saúde;
Está sempre apressado, impaciente, irritado e nervoso,
Não ama a paz, não ama ao seu povo e nem à vida,
É agressivo, desagradável, descontrolado e implicante!
Está sempre em perigo de perder a sua própria vida
E de destruir a vida de outras pessoas também,
Porque quando quer fazer alguma coisa,
Quer correr mais rápido do que o pensamento.
A pressa imprudente é um mal que tanto prejudica;
Pode matar o apressado desequilibrado, insensato e culpado,
E, também, matar pessoas inocentes, que estão na sua frente!
O amor, o cuidado, a justiça, a lei e a ordem
Estão na consciência, no juízo e na memória

Da pessoa que ama, obedece e respeita.
Ninguém quer sofrer neste mundo,
Mas quem ama e respeita sofre menos!
O apressado e estressado deve cuidar melhor
Da sua saúde mental e da sua vida espiritual,
Para que tenha mais saúde em todos os sentidos,
E ser mais feliz em tudo o que pensa, diz e faz.
A vida humana é feita de atividades e ações bem pensadas,
Que devem ser sábias, sadias, seguras, serenas, sérias e sinceras,
Para que tenha valor e valores espirituais morais e sociais,
E não deve ser destruida pela pressa imprudente e maléfica,
Porque a vida humana é doce e bela e tem muito valor.
A vida social precisa de leis justas, com justiça para todos.
A paz e a felicidade estão ao alcance de todos,
Basta amar, fazer o bem e ser justo para com todos.
Seja bom, ame e seja feliz com Deus Pai.

O mentiroso com mania de grandeza

O indivíduo quer ser feliz e poderoso,
É faroleiro e fala que tem muita força,
É convencido e tem mania de grandeza,
Inventa mentiras e só conta vantagens.
Acredita que é muito ativo e esperto,
Confia muito na sua própria força,
Na resistência e na saúde do teu corpo.
Esse ignorante e infeliz não observa
E não percebe a dura realidade da vida,
Pois precisa enxergar melhor o mundo

E sentir que há muitos problemas e dificuldades
Que devem ser solucionados com prudência.
O indivíduo pode ter resistência física e saúde,
Mas pode ter força e saúde só no corpo.
Pois quem pensa age e trabalha errado,
Não tem saúde no espírito e na alma.
Quem não tem juízo, nem memória, não tem culpa,
Mas quem tem juízo e memória e não usa estes dons,
Para fazer as coisas certas é culpado, sem consciência;
É infeliz, mesmo sendo um gozador da vida cômoda,
Pois ninguém é feliz fazendo o mal por prazer!
A falta de vergonha e honra e a mania de mentir
Não são doenças, mas são males gravíssimos,
Pois a pessoa deve ser fiel e dizer somente a verdade.
Veja que é muito mal e triste ser desacreditado pelo povo.
Quem é bom não precisa e não deve dizer que é bom.
O rico deve ser justo, humilde e gentil e fazer só o bem.
O soberbo é um derrotado moral e espiritual, por si mesmo!
Afinal, ninguém quer sofrer uma derrota nesta vida!
Todos querem ser felizes nesta vida e para sempre.

O abjeto

O abusador e brincalhão cínico é um covarde desavergonhado,
Que quer disfarçar-se de divertido e extrovertido.
Não usa a consciência e o juízo que Deus lhe deu
De graça e com amor, para que ele seja feliz.
Só quer ter liberdade, gozar e ter prazeres na vida,
Não quer usar a educação, a honra e o respeito.

Não tem vergonha de ser mau e covarde,
Não tem escrúpulo, prejudica e engana as pessoas,
Não tem sentimento de culpa e não se arrepende
Quando faz mal e prejudica aos inocentes,
Pensa que tem o direito de fazer tudo o que quer.
Confia muito na sua própria esperteza e na força,
Na resistência e na saúde do seu corpo.
Só quer gozar a vida material e mundana com prazeres.
Esse idiota pensa que tem a vida eterna neste mundo,
Não se preocupa com as doenças e os males deste mundo.
Pensa que nunca vai sofrer, ficar doente e morrer,
Confia muito em si mesmo, no tempo e na vida.
Esse idiota está cheio de orgulho maléfico e ilusão,
Não medita e nem quer pensar na justiça divina,
Só quer gozar e ter prazeres nesta vida material.
Quem faz mal, engana e prejudica aos outros por prazer,
Sofrerá e será castigado, punido pela justiça divina.
Ninguém quer ser castigado, nem derrotado nesta vida.
Quem quiser ser feliz deve amar, fazer o bem e ser justo.

Rio de contas

O bom trabalhador sabe que tem um rio de contas para pagar,
Por isso acorda e levanta cedo, vai para o serviço e trabalha,
Com bondade, amor, honra, inteligência e atividade.
Com fé e esperança em Deus, quer uma vida melhor,
Trabalha com honra e se esforça para pagar as suas contas
E não ficar devendo nada no comércio e nem a ninguém.
Quem é honesto trabalha com honra e paga o que deve,

Mas sempre tem um rio de contas em sua vida
Para pagar e não ficar devendo contas atrasadas.
O trabalho e bom serviço enobrecem a quem age certo.
Quem trabalha certo e paga o que deve é um vencedor.
Sou bem brasileiro, tenho consciência, sei e me lembro bem
Que tenho o dever de trabalhar e agir certo, com honra e dignidade,
Pois preciso viver bem, alimentar-me, vestir-me e ser útil ao mundo,
E pagar o que devo para viver em paz e com dignidade.
Antes de ser cobrado e criticado pelos criticadores da vida
Tenho o dever de honrar o lugar onde moro e vivo bem,
Por isso me esforço e trabalho com fé, boa vontade e bom ânimo
Respeito, considero e sou bem amigo dos amigos sinceros.
Tenho um rio de contas para pagar para viver bem e em paz.
O Estado pertence aos políticos, os representantes ricos e poderosos.
Eles têm o poder político em suas mãos e mandam como podem.
O povo serve e trabalha para o bem dos ricos patrões e políticos.
O povo sofre por causa da falta de justiça e de segurança pública.
Muitos bandidos, covardes, criminosos e violentos andam livres e soltos,
Praticando o mal, a injustiça e a violência, assaltando e roubando.
Já que pagamos os impostos e as contas ao Estado com honra,
Devemos cobrar dos políticos tudo a que temos direito, a segurança.
Os dignos políticos devem servir ao povo, a toda a sociedade.
Todos devem trabalhar, servir e honrar para o bem de todos.

O pensamento e a razão

O pensamento pode estar certo ou errado,
Mas deve e precisa estar sempre certo,
E conforme a justiça, a razão e a verdade.

A razão sempre está certa, nunca está errada.

Pensar errado é mau, é destrutivo, é trágico,

Faz mal à saúde mental e física e pode matar.

Pensar sempre errado é só para os paranoicos

E preconceituosos, que não conhecem a verdade,

Estão errados, mas querem ter razão e sabedoria,

São convencidos, pretensiosos, teimosos e tontos.

Quem usa a consciência e o juízo está certo e tem razão,

Está de acordo com a justiça, a lei, a ordem e a verdade.

Os mentirosos querem acreditar em mentiras

Porque têm preguiça de buscar a verdade,

Por isso mentem, enganam e são enganados

Pelas ilusões e pelo seu próprio espírito.

O desonesto age com esperteza e inteligência,

Mas age contra a sua própria consciência e contra a lei.

O desonesto é um falso esperto, é um gozador da vida,

Que nunca tem razão e está sempre errado, é indigno,

Mesmo sendo inteligente, esforçado e trabalhador.

O desonesto quer ser feliz, mas não tem felicidade,

Mesmo sendo um rico gozador da vida mundana.

O desonesto pode ser rico e ter prazeres materiais,

Mas nunca tem uma vida feliz de verdade.

O desonesto pensa errado, faz o mal e prejudica,

É covarde, desleal, traiçoeiro, vilão e voraz.

O sábio deve ser sempre um herói, um campeão

Da justiça, da gentileza, da bondade e do amor.

Só os justos e sábios são felizes e vencedores.

O erro faz a derrota

É um vivente que não usa a consciência moral,
Não usa a autocrítica e não corrige a si mesmo.
É alegre, bobalhão, caçoador e idiota,
Mas sabe muito bem o que está fazendo,
Porém não tem vergonha de ser indigno.
Tem consciência e juízo, mas não usa,
Esses dons que Deus lhe deu de graça.
Gosta de brincadeiras desagradáveis e idiotas,
Erra muito, mas não tem sentimento de culpa!
A ignorância leva o indivíduo
A pensar errado e a fazer o mal.
O tonto, idiota, gozador e brincalhão,
É maldoso, insensível e covarde!
Pensa que não precisa de Deus!
Pensa que é muito esperto e feliz,
Porém vive dominado pelos vícios.
Pensa e age errado, mas não assume.
E pensa que não é culpado de nada.
É teimoso, está errado, mas quer ter razão.
Está derrotado por seu próprio espírito.
O seu erro faz a sua derrota e desonra,
Porém ele não sente que é derrotado.
O seu mal é a falta de consciência moral.
O infeliz não usa o juízo nem a vergonha.
O idiota não é inocente, só é ignorante e erra,
Pois humilha, maltrata e ofende com palavras
Aos pobres inocentes, indefesos e fracos.

É covarde, desavergonhado e maldoso!
Mas Deus quer salvar a sua alma,
Quer que ele seja justo e vencedor.

A doce vida

Agir certo, com firmeza, perseverança e sabedoria,
Ser um ativo e bom lavrador, que confia na providência divina;
Viver, morar na roça, trabalhar certo e cultivar a terra fértil,
Arar a terra e plantar boas sementes de tudo o que é bom e útil,
E colher os bons frutos, agradecendo a Deus com amor e honra.
Plantar cana-de-açúcar e esperar a lavoura formar-se.
Esperar que as canas amadureçam e fiquem bem doces,
No ponto de serem cortadas e moídas no engenho,
Para que da garapa seja feito o melado e a rapadura.
A rapadura é doce e dura, como a vida na roça.
A vida na roça é cheia de trabalhos duros, mas é doce.
É uma vida dura, porém mais segura do que a vida na cidade.
Quem trabalha certo, com amor e bondade, vive a doce vida.
A terra fértil produz o alimento e as roupas para todo o povo.
A vida sábia é feita de amor, atividades, serviços e trabalhos.
Todos devem trabalhar animados e unidos para o bem de todos.
A vida é doce para quem serve, com amor, bondade e consciência.
A vida não deve ser amarga, nem azeda e nem seca, deve ser doce.
Trabalhar com amor, bondade, coragem, justiça, paz e união,
É o caminho certo para a felicidade de todo o povo unido.
O herói, para ser um herói verdadeiro, deve viver e morrer lutando.
Os fortes têm o dever de ajudar aos doentes, fracos e sofredores,
Que não podem trabalhar por estarem doentes e incapacitados.

Esse amor é espiritual, fraternal, moral e social dos justos!
A beleza dos objetos e das flores é útil ao espírito.
Essa é a doce vida dos felizes e bons trabalhadores,
Que lutam animados e unidos para o bem de todos.
A doce vida se faz com amor, muito esforço e trabalho digno.
Todos devem trabalhar e servir a todos, com amor heroico,
Para viverem com amor e bondade a doce vida.

O louco e ordeiro

Um louco bebia cachaça num bar.
Ficou demente por causa do vício,
Pois estava sempre embriagado,
Falando palavras sem sentido:
Desagradáveis, ofensivas e tolas.
Próximo a ele estava um cidadão
Virtuoso, trabalhador e ordeiro,
Que bebia café e comia bolo,
Bem atento às palavras do ébrio,
Que, apesar de tonto, estava de pé
E falava mal de uma mulher,
Que por ela esteve apaixonado.
Xingava-a com muito ódio e raiva,
E furioso falava que ia matá-la,
Então o gentil cidadão chamou o bêbado,
Querendo curar a sua embriaguez.
Ofereceu-lhe um café bem forte,
O ébrio logo aceitou o café,

Bebeu-o com vontade e prazer.

Ouviu com atenção as sábias palavras

Do amável e bom conselheiro e ordeiro,

Que lhe disse que a vida é bela e divina

E deve ser vivida com muito amor,

Bondade e coragem de herói e sábio.

Devemos viver só para fazer o bem.

E, assim, aconteceu um grande milagre,

O louco ébrio parou de beber e embriagar-se,

Passou a usar bem o juízo que Deus lhe deu,

Graças às sábias palavras do bom cidadão.

Devemos tratar bem a todos os entes de Deus.

A consciência moral

Devemos ser realistas e ver a realidade como ela é.

Há muitas coisas erradas neste mundo dos espertos.

O falso esperto tem orgulho de ser desonesto e covarde.

O covarde pode ter muito dinheiro, orgulho e saúde,

Pode ser rico, ter poder político e mandar no seu povo,

Mas não tem honra, nem dignidade e nem valor.

O indivíduo tem boa saúde só no corpo mortal,

Mas não usa o juízo que Deus lhe deu de graça,

O juízo que está dentro da sua cabeça cheia

E deve ser usado só para fazer o bem a todos.

O tonto está agindo errado e mal, e se condena.

É um derrotado moral e espiritual, por si mesmo.

O seu erro faz a sua derrota e desonra.

Devemos atuar contra os males e os crimes,
Pensando e agindo certo, praticando o bem,
Trabalhando e evitando os males e os vícios,
Buscando a verdade, comunicando e transmitindo
A paz, a justiça e o amor espiritual e fraternal a todos.
"Agindo certo e fazendo o bem somos todos iguais,
Somos todos irmãos, somos todos livres e felizes".
Devemos ser felizes e fiéis, sem vícios e sem falsidade.
Devemos lutar pelo bem, pela paz e contra os males.
A vida humana é feita de valores e de virtudes.
O nosso compromisso é com a verdade e a justiça.
Só o justo, o que ama e faz o bem tem honra e valor.
O desonesto não é amigo de ninguém, só engana.
Devemos ter muito cuidado com os amigos e colegas.
Só o justo é um verdadeiro amigo, pois ama e ajuda.
Quem usa a consciência e a sabedoria é justo e sábio.
Quem trabalha certo tem boa sorte, é feliz e prospera.

A arte de pensar e agir certo

Devemos aprender a pensar e agir certo e servir,
Com amor, bondade, consciência e dedicação.
Devemos aprender a ser justos e sábios
E a amar e fazer o bem a todos, com honra.
Pense certo e busque a verdade e a sabedoria.
Pense bem antes de falar e agir!
Só quem pensa e age certo é feliz.
Esta vida real que vivemos não é nossa,
Ela pertence ao senhor Deus Onipotente!

Devemos buscar a felicidade com amor.

A sabedoria está na bondade, na gentileza

E na humildade de quem usa a consciência,

E o juízo, que Deus deu de graça e com amor,

A todas as pessoas normais, ordeiras e racionais.

A sabedoria, a riqueza e a felicidade que todos querem

Estão no amor, na bondade e na prática do bem.

O ente de Deus deve ser justo antes de ser sábio.

O caminho para a felicidade é amar e fazer o bem,

É agir certo e ser justo em tudo o que é possível,

É trabalhar certo, com bom ânimo e inteligência,

É fazer a terra ficar fértil e produzir bons frutos,

É dar pão a quem tem fome e tratar dos doentes.

A terra fértil não nega o pão a quem trabalha certo.

Quem trabalha e pensa errado sempre cansa e sofre o prejuízo.

Quem não ama e não faz o bem não está de bem com Deus.

Quem não está de bem com Deus, não está de bem com a vida.

Viva bem, com bondade, amor, honra, inteligência e atividades.

A política social se faz com justiça, respeito, trabalho e união.

Todos querem trabalhar certo e unidos para o bem de todos?

O amor e a vida com Deus

Devemos ter todo o cuidado, amar, pensar e agir certo.

Não devemos julgar pelas aparências, elas enganam.

O verdadeiro covarde não é um pobre inofensivo,

Fraco e doente que não faz mal a ninguém.

O verdadeiro covarde é esperto, forte e maldoso,

Tem força e saúde no corpo, mas só faz o mal,

Só engana, prejudica e trai aos mais fracos e pobres,
Coloca a sua culpa no pobre para condená-lo na lei.
Não ama o bem, a justiça, a paz e a verdade, é indigno,
É dominado pelo egoísmo e pela ganância, é voraz,
É um derrotado moral pelo seu próprio espírito mau.
O idiota pensa que não precisa de Deus em sua vida,
Pensa que vive muito bem sem Ele, mas se condena,
Por fazer o mal por ignorância, maldade, prazer e vício.
A sem-vergonhice, a maldade e a covardia não são doenças,
Mas são males que prejudicam e matam os viventes,
Culpados e inocentes, neste mundo de injustiças e males.
O raivoso, maldoso, ignorante, covarde e contrariado
Não ama e nem usa a consciência e nem o juízo
Que Deus lhe deu de graça, e com todo amor e bondade.
A ignorância faz mal à saúde, engorda e mata o idiota.
O esperto não deve confiar muito na sua própria esperteza
E nem na força e na boa saúde do seu corpo mortal.
O ente de Deus deve usar a esperteza, a força, a inteligência
E o juízo só para fazer o bem e ser útil à sociedade,
Trabalhando e prestando bons serviços a todos, com honra.
A esperteza, a força e a saúde do corpo são necessárias,
Mas não podem salvar a alma de nenhum mortal.
Só o amor fraternal, a fé e a obediência a Deus Pai
Podem salvar a alma do fiel que O ama e O obedece.

O aventureiro

Os dois moços trabalham juntos há alguns anos,
Um é sério e sisudo, o outro é brincalhão e extrovertido,
Não leva a vida a sério, é divertido, é um verdadeiro palhaço.
O brincalhão falou para o seu colega que é sério e sisudo:
"Quer saber de uma coisa? Eu vou deixar a vergonha de lado!
Vou virar mendigo, vou para Aparecida, pedir esmolas ao povo.
Lá os religiosos e caridosos vão me ajudar muito, com a esmola.
Vou ganhar um bom dinheiro e assim posso até ficar rico.
Em cada dez pessoas a uma que dá esmola aos mendigos".
O moço trabalhador e sério lhe disse: "Tenha vergonha na cara!".
Porém o brincalhão decidiu e virou mendigo mesmo, sem receio.
Foi para Aparecida e, ao chegar lá, já foi pedir esmolas ao povo.
Por lá ganhou um bom dinheiro pedindo esmola aos romeiros,
Aos caridosos devotos e religiosos que visitam o santuário.
É um mendigo esforçado e esperto, que não bebe e não fuma.
Os seus vícios são: a preguiça de trabalhar e a falta de vergonha.
Porém tem muito cuidado e guarda bem o dinheiro que ganha,
Por isso está meio rico, já tem um bom dinheiro bem guardado.
Num belo dia, o mendigo encontra-se com o seu ex-colega de trabalho.
Este está bem mais pobre do que ele, pois tem vergonha na cara
E continua trabalhando, contribuindo e pagando as suas contas,
Enquanto o brincalhão, que virou o mendigo, tem muito dinheiro.
Está satisfeito com a vida de mendigo esperto e gozador.
Não é perseguido pela polícia, nem condenado pela lei. É livre.
É mais fácil para um mendigo sem-vergonha
Ficar rico, pedindo esmolas ao povo caridoso,
Do que para um trabalhador sério e humilde,

Que cumpre bem os seus deveres e age certo,
Trabalhando com bom ânimo e muita honra.
Porém o trabalho digno enobrece o ente de Deus.

Ser feliz é ser bom e honesto

Só as pessoas boas e honestas,
Que fazem o bem por amor, bondade,
Consciência e dedicação espiritual,
Podem ter a verdadeira felicidade.
Se o indivíduo desonesto e malandro
Goza a vida mundana e se sente bem,
Tem prazeres e pensa que é feliz,
Ele está enganando a si mesmo,
Pois essa felicidade é falsa.
Ninguém é feliz fazendo o mal,
Enganando e prejudicando aos outros.
Todos os desonestos e maldosos
Sofrerão um severo castigo
Pela justiça do Senhor Deus,
Por causa dos seus próprios erros,
Que praticam por malícia
E esperteza para enganar.
Quem engana aos outros,
Engana e prejudica a si mesmo
E sofrerá o castigo merecido.
A bondade e a honestidade
Fazem bem à saúde e à vida,
Principalmente à saúde da alma,

E faz a pessoa ser feliz e vencer.
Para que a pessoa tenha valor
É preciso ter bondade, amor, honra,
Inteligência e atividades de servir.
Seja bom, honesto, justo e ordeiro.
Faça o bem a todos com alegria.
Só assim tu és feliz e vencedor.

O poste providencial

O moço levantou de manhã cedo, saiu da sua humilde casa
E foi andando a pé tranquilamente, para o seu posto de serviço,
Que fica bem próximo à sua residência, no mesmo bairro.
No meio do caminho aparece um indivíduo armado com um revólver.
É um assaltante que dá voz de assalto ao humilde trabalhador,
Que não tem dinheiro em seus bolsos de modesto empregado.
Ao perceber esse fato, o bandido covarde atira sem piedade no moço,
Mas graças a Deus ele erra o tiro e acerta o poste ao lado.
A bala volta contra o bandido, que grita desesperado, com pavor e dor,
Pois o projétil acerta bem no seu coração, que era cheio de maldade.
O bandido agoniza e morre no mesmo lugar e na mesma hora.
O morto fica caído na calçada até a polícia chegar e recolhê-lo.
O defunto já era conhecido da polícia, pois já fora preso várias vezes,
Por roubos e furtos, mas logo depois de solto voltava a fazer o mal.
Mas, para o seu azar, causou a sua própria morte, com a sua própria arma,
Para o seu castigo e o seu mal, mas para a felicidade do trabalhador,
Acertou o tiro no poste, que fez a bala voltar-se contra ele e matá-lo.
O humilde trabalhador não sentiu nenhum prazer com a morte do bandido
Que tentou matá-lo só porque ele não tinha dinheiro nos bolsos,

Mas sentiu um profundo alívio, agradeceu ao Senhor Deus e orou com fé,

Com toda a gratidão ao Senhor, por salvar a sua vida das mãos do perverso.

O moço foi salvo por sua fé em Deus e o maldoso bandido foi punido.

Quando era vivo e estava livre e solto, ele fazia o mal só por prazer.

Porém os bandidos mortos são inofensivos, não fazem mal a ninguém.

Devemos andar com fé em Deus e agir certo, com prudência e respeito.

Devemos confiar na justiça, no poder e na providência divina.

Os pais devem educar os filhos no amor espiritual e fraternal,

Na obediência e no respeito ao Senhor Deus e a todas as pessoas.

A vida humana deve ser amada e respeitada, pois ela tem muito valor.

Todo o serviço deve ser feito com amor, bondade, coragem e dedicação.

A morte do desonesto

Depois de passar a vida inteira

Enganando e prejudicando

Aos humildes trabalhadores,

O indigno adoeceu e enfraqueceu.

O seu estado de saúde foi piorando,

A cada dia mais se delibitou,

Mesmo sendo devidamente

Bem tratado pelos médicos.

Agora, o infeliz malandro sofre

E reclama das dores em seu corpo.

Quando estava bem de saúde

Só pensava em ter muito dinheiro.

Só queria gozar a vida mundana,

Enganando e prejudicando ao povo.

Dizia para si mesmo e para os seus cúmplices:

"Está bom para nós. O povo que se dane!".
O infeliz está pagando pelos seus pecados,
Com o sofrimento e com as dores no corpo.
O dinheiro que o corrupto adquiriu desonestamente
Só serve para pagar os médicos e enfermeiros
E para comprar os seus remédios caros.
O desleal sempre foi um enganador.
Foi um falso amigo dos trabalhadores.
Os seus parentes e "amigos" o visitam.
Esse corrupto é muito generoso
Para dar dinheiro aos seus filhos.
Estando toda sua família
Reunida ao seu lado, no quarto,
O desonesto expira, falece e morre,
A sua alma sai do corpo, que fica inofensivo,
E vai para o além, que é um mistério divino.
Todos devem servir ao senhor Deus com honra.

O arador e a égua

O arador segura o arado,
Com boa vontade e firmeza,
E a égua puxa o arado,
Para arar a terra fértil.
O animal e o seu dono animado,
Andam e trabalham o dia inteiro,
Arando a terra para plantar,
Até que os dois se cansam,
De tanto andar e trabalhar.

A égua, cansada, quer parar.
É aí que o arador imagina,
Vem à sua mente uma ideia:
Pega uma vara bem longa,
Amarra uma espiga de milho
Pelas palhas, na ponta da vara,
Amarra bem a vara no arado
E coloca a espiga de milho,
Na frente da boca do animal,
Que, enquanto anda, ara a terra;
Andando e querendo comer o milho,
Que está bem na frente da sua boca,
Mas não consegue alcançá-lo,
E, assim, o pobre e útil animal,
Enganado por seu astuto dono,
Trabalha muito, arando a terra,
Até terminar o seu serviço.
Aí, o seu dono, já satisfeito,
Dá o milho na boca da égua.
O bom animal come os grãos
E tem o seu descanso merecido.

Os iluminados

Iluminados pelo amor espiritual,
Pela consciência moral e social,
Pela confiança no amor, na justiça,
No poder e na providência divina,
Os fiéis, honrados, ordeiros, unidos,

Trabalham e servem ao Senhor Deus,

Lutando certos contra todos os males,

Deste mundo, onde faltam justiça

Honra, fidelidade, bondade e amor!

As piores coisas deste mundo dos espertos,

Finórios gozadores, malandros e vivos,

Que não querem enxergar, nem ver

Os seus próprios vícios, erros e covardias,

Estão relatadas nesta mensagem.

Veja, leia, medite e pense bem:

Um brincalhão, caçoador desagradável,

Idiota, inteligente, maldoso e teimoso,

Que gosta de caçoar dos doentes,

E deficientes físicos e mentais.

Um covarde rico, soberbo e tranquilo.

Um trabalhador que tem preguiça

De pensar e buscar a verdade,

E um pobre que adula o covarde rico,

Querendo ganhar algo de valor em troca.

Por que esse infeliz não valoriza a si mesmo?

Por amor, Deus criou os seres humanos,

Para serem felizes, fiéis e iluminados,

Pelo amor, bondade, consciência e dignidade.

Os justos e sábios têm a consciência iluminada,

Porque conhecem e obedecem, com amor, a lei divina.

O mal de Alzheimer

Era inteligente, estudioso, culto e ativo.

Assim era Alzheimer, um alemão genial,

Bom observador da realidade do mundo,

Da vida, da natureza e do comportamento,

Do povo em geral e da pessoa em particular.

Estudioso da consciência, da inteligência e da memória,

Que todas as pessoas normais têm, e devem usá-las bem e certo.

Cada pessoa deve usar bem e certo o juízo que Deus lhe deu de graça,

Com todo amor, bondade, carinho e dedicação divina.

O doutor quis conhecer a Grécia e foi pra lá com prazer de turista.

Viu e admirou as suas belezas e maravilhas naturais e artificiais.

Por lá, ele encontrou e conheceu uma mulher.

Uma grega de uma beleza escultural e fatal,

Que faz perder o juízo e a memória. O nome dela é Amnésia.

Logo, ele se apaixonou por ela, que também se apaixonou por ele.

Foi atração e paixão à primeira vista, muito forte e recíproca.

Assim, Alzheimer e Amnésia decidiram se casar e se uniram.

Foram morar juntos. Porém foi um casamento só de corpos,

Somente pela atração física, pela ilusão e pela paixão irracional.

Um não conhecia o estado de saúde mental do outro.

Os dois não se conheciam bem, espiritualmente, como deviam.

Não se uniram pelo amor espiritual, moral sábio e sadio.

O casamento só de corpos não dá certo e não faz o casal feliz!

O Alzheimer amou só a beleza do corpo da Amnésia,

Que era bonita só de corpo e rosto, mas sem memória.

Porém ele se esqueceu desse fato e não quer nem pensar no caso

Afinal de contas, qual é o mal do Alzheimer?

O mal do Alzheimer é ser casado com a Amnésia
E não querer nem pensar que ela não tem memória.
Assim, ele perdeu o juízo e não sabe o que faz.

Acabou-se a farsa

O esperto expirou e foi-se, partiu para o além.
Chegou à porta do céu, sem jeito e sem graça,
Mas com muita vontade de entrar no Paraíso.
O Senhor Jesus Cristo o atendeu na porta.
Mas ele não conhecia o Senhor Salvador das almas,
Pois passou a vida inteira divertindo-se e gozando
De muitos prazeres materiais, mundanos e nocivos.
Levou uma vida cheia de ilusões, pecados e vícios.
Por amor aos bens e prazeres deste mundo,
O indigno desprezou o Senhor Deus e foi ingrato.
Passou a vida pensando que não precisa de Deus,
Com seu orgulho, mania de grandeza e ignorância.
Desprezou os pobres e foi um falso amigo dos ricos.
Adulou os ricos querendo ganhar algo de valor em troca.
O Senhor perguntou a ele se conhece a Jesus Cristo,
Muito sem-graça, ele respondeu que não o conhece,
Pois na Terra ele trabalhou muito, mas teve preguiça
De buscar o Senhor Deus e a verdade espiritual.
Confiou muito na sua própria esperteza, na força
E na saúde do corpo, mas não viveu a vida espiritual.
Já sentia o amargor de uma derrota espiritual certa.
Jesus disse: "Eu sou a luz do mundo, a verdade e a vida!
Mas tu preferiste as trevas e a mentira e a morte espiritual.

Enganaste e prejudicaste o povo humilde, pobre e trabalhador.
A tua malícia, a falsa esperteza, a desonestidade e a ganância
Te levaram à derrota espiritual, por isso não herdarás o reino de Deus!".
O esperto teve tudo na vida, para vender e ser feliz com Deus Pai.
Teve força, inteligência, saúde e sorte, que Deus lhe deu de graça,
Porém, desprezou o Senhor Deus e quis gozar a vida fazendo o mal.
Por isso ficou do lado de fora do paraíso, onde Deus só aceita os fiéis.

A campanha pela paz

Todas as pessoas que usam a consciência,
Que pensam certo, devem agir certo
E são pessoas boas, racionais e ordeiras,
Que amam a justiça, a paz e a segurança,
Que todos querem, com todo o direito.
E com toda a razão, pois todos precisam,
Da justiça, da paz e da segurança para todos.
A natureza, por suas próprias forças e leis,
Não faz o mal nem a injustiça, nem a violência,
E não prejudica a ninguém.
O povo não deve ser enganado
Nem prejudicado pelas superstições,
Pela ignorância e pelo fanatismo,
Que são erros graves de quem quer
Acreditar em coisas falsas e ineficazes.
Os poderosos devem ajudar o povo humilde
A ter boa educação, bom emprego e serviços,
Com salário digno, morada, saúde e segurança,
Para que todo o povo viva bem e tenha paz.

Todos devem lutar pela paz e contra os males.

Todos devem lutar para evitar a guerra

E massacres, com vítimas inocentes, ou não,

Assassinadas por indivíduos perversos,

Que praticam a maldade e a violência

Com a desculpa de estar cumprindo,

As leis e as ordens estabelecidas legalmente,

Pelo Estado e pelas autoridades constituídas.

Nenhuma guerra é declarada e realizada

Pelo amor e pela vontade divina.

O Senhor Deus quer a paz para todos.

Indignidade

O indivíduo indigno tem orgulho,

De viver na ilusão e ser enganado

Pela sua própria ignorância

E pelo seu próprio orgulho.

Tem orgulho de ser desonesto

E desonrado por si mesmo.

É dominado pelos vícios,

Pelas paixões e pelas ilusões.

Não quer respeitar nem a si mesmo,

Mas quer ser respeitado por todos.

O desavergonhado tem orgulho

De ser corrupto, covarde e maldoso.

É desleal e só quer enganar

E prejudicar o povo humilde.

Não usa a consciência e o juízo

Que Deus lhe deu de graça e com amor.
Tem preguiça de buscar a verdade e a honra,
Só quer ter prazeres e gozar a vida
Material, mundana e cheia de vícios.
Não ama a sabedoria, a paz e a justiça,
Tem aversão à fidelidade,
à honestidade e à humildade,
Mente e calunia as pessoas humildes,
Com brincadeiras covardes e maldosas.
É o rei da arrogância e da ignorância.
Mas o tempo não para pra ninguém
E Deus faz justiça para todos.
Na realidade, a vida castiga os maus.
O ente de Deus deve amar e ser bom.
Quem ama e faz o bem é feliz com Deus.

Demo, caos, cia, liberdade e prazer

O povo precisa de dignidade
Para viver bem e ser feliz,
Para viver em paz e com segurança.
Quem tem amor, bondade e consciência
Conhece bem essa realidade.
A justiça, a lei e a ordem
São para todos obedecerem,
São para todos respeitarem,
Para o bem e a paz de todos!
Todas as pessoas racionais
Amam e buscam a felicidade,

Amam e buscam a vitória!
Porém os indivíduos irracionais
Abusam da liberdade e gozam,
Fazem o mal por prazer,
Por comodismo e covardia,
Por egoísmo e ganância.
Fazem a injustiça e a violência,
Mas querem a saúde e a liberdade
Para gozarem a vida desregrada,
Prejudicando as pessoas indefesas.
Querem aproveitar a vida material,
Esquecendo-se de que a morte virá
E que pagarão o preço justo
Por todas as maldades que fazem!
Devemos confiar na justiça,
Na providência e no poder divino,
Para que tenhamos a felicidade,
A paz e a vida com Deus, para sempre,
Para que nosso prazer seja verdadeiro.

Ironia

As piores coisas deste mundo
Dos espertos e gozadores da vida
Estão relatadas nesta mensagem.
Imagine, um covarde rico e soberbo,
Um idiota indiscreto e inteligente,
Um trabalhador que tem preguiça
De pensar e buscar a verdade,

De buscar a sabedoria e a justiça,

E um pobre que adula o covarde rico,

Querendo ganhar algo de valor em troca.

Por que este infeliz não valoriza a si mesmo,

Trabalhando certo e fazendo economia,

Para viver com lucro, honra e dignidade?

O amor ao dinheiro é sempre verdadeiro.

O dinheiro não engana, não prejudica,

Não trai e não faz mal a ninguém.

O dinheiro não compra a felicidade,

Mas ajuda a quem ama e usa o juízo,

A fazer o bem e a viver com dignidade e honra!

O dinheiro compra o conforto e o remédio,

Não compra a saúde do corpo e da alma,

Mas paga as dívidas e evita a derrota moral

De quem tem vergonha, honra e dignidade!

A maldade faz o indivíduo perder a vergonha

De ser corrupto, covarde, desleal e traiçoeiro!

Por que o covarde usa tanto a coragem e a força

Para fazer o mal ao povo bom, humilde e modesto,

Que luta, trabalha e quer agir certo para ser feliz?

O covarde faz o mal por prazer e quer ser feliz!

Mas Deus é justo e faz justiça para todos.

O amor espiritual e fraternal

A vida é bela pra quem serve com amor e bondade!
A bondade, a caridade e o respeito têm tudo a ver
Com o amor espiritual, fraternal, moral e social,
Porém não tem nada a ver com a paixão que trai,
Que atrai, engana, prejudica e mata o infeliz.
A paixão é atração física, não é amor, é ilusão!
Não se iluda, não confunda as coisas, pense certo!
Não seja enganado pelo seu próprio espírito; cuidado!
Infeliz é quem se engana e vive na ilusão e no erro!
Ajude-se, busque a verdade, a sabedoria e a justiça!
Todos os seres humanos sadios, racionais e normais
Precisam da verdadeira sabedoria, da justiça e da bondade,
E não da falsa esperteza e da astúcia, para enganar,
Para trair e para prejudicar os mais fracos e doentes.
O mundo não precisa das maldades, das injustiças,
Nem das violências dos covardes, que fazem o mal!
Deus criou todos os seres humanos, por Seu amor,
Para serem bons, honrados, justos e ordeiros,
Para trabalharem certo e ajudarem em todos os sentidos
Aos que não podem trabalhar, nem servir,
Por estarem doentes, fracos e sofrendo.
O inofensivo não é covarde, nem mau,
Pois, não faz mal a ninguém, nem trai;
muitas vezes, sofre, vítima da maldade,
Do verdadeiro covarde, desleal e maldoso.
Quem usa a consciência e o juízo

Não quer injustiça, nem violência,
Neste mundo dos que sofrem os males,
Devemos fazer a nossa parte nesta vida,
Evitando o mal e praticando o bem.

O prazer, a fé, a dor e a conversão

A confiança e a boa-fé em Deus
São uma questão de boa vontade.
A pessoa que tem fé viva, confia bem
No amor, na bondade, na justiça, no poder,
Na presença espiritual e na providência divina;
Ama, obedece, respeita e serve com amor.
Pensa, trabalha certo, economiza
E ajuda a todos os que sofrem,
Com amor, bondade, consciência e dedicação.
A pessoa confia em Deus quando quer confiar!
Confiando em sua própria esperteza,
Na força, na saúde e no tempo.
O ignorante e infeliz, gozador da vida,
Vive uma vida desonrada e desregrada,
Cheia de ilusões, paixões perversas e vícios.
Vive enganado, por falta de informação,
Por falta de conhecimento da verdade
E por preguiça de pensar e buscar a verdade
E, assim, está derrotado por seu próprio espírito.
Porém o infeliz não sente a derrota espiritual.
Enquanto o gozador está bem, da saúde corporal,
Só quer gozar a vida, desprezando o Senhor Deus!

Quer gozar a vida, fazendo o mal por prazer!

O infeliz pensa que nunca vai sofrer a morte!

O tonto e ignorante quer viver fora da realidade!

De repente, começa a sofrer fortes dores no copo,

E logo começa a pensar em Deus e a pedir perdão

De todos os pecados que cometeu em sua vida.

Deus Pai nos ama e quer perdoar e dar a vida eterna, o bem

E a paz a todos os pecadores que se arrependem e se convertem.

Generoso

Toda a família já se recolhera

Para deitar, descansar e dormir,

Pois já passava da meia noite.

Todas as luzes da mansão

Já estavam apagadas

E todos já dormiam em paz.

Mas, de repente, todos acordaram,

Com grande susto e pavor,

Ouvindo o som do piano,

Que estava numa sala

Reservada só para ele.

A música saía do piano

Sem que ninguém o tocasse.

A música era executada

Por um pianista invisível.

Era o Generoso, o fantasma,

Arteiro, travesso e invisível,

Que resolveu dar um concerto

E, assim, fez toda a família
Acordar muito assustada,
Com uma música tocada
Por um pianista do além.
Há muitos mistérios neste mundo.
Eles estão em todos os lugares.
O mundo está cheio de mistérios
Que os cientistas não explicam.
Devemos usar a consciência e o juízo.
Não sejamos ignorantes, nem incrédulos!
Devemos ter consciência, fé e vida espiritual,
E confiar no poder e na providência divina.

Os abastados

Muitos entes de Deus já nasceram abastados
Por serem filhos de pais ricos,
E assim vivem uma vida cômoda e tranquila,
Com bastante dinheiro e todo o conforto possível,
Sem terem a necessidade de se esforçar, lutar
E trabalhar muito para viver bem economicamente.
Outros ficaram abastados porque se esforçaram,
Trabalharam certo, tiveram a boa sorte e venceram;
Ganharam bem, juntaram dinheiro,
Economizaram bem e guardaram
E, assim, conseguiram enriquecer.
Este mundo é dominado pelos ricos,
Que têm poder econômico e político
E, assim, dominam e mandam como podem.

Porém a maioria absoluta das pessoas que trabalham
É formada pelos pobres trabalhadores, que servem.
Essa é a dura realidade dos trabalhadores úteis.
Os que trabalham muito são os que ganham pouco!
Muitos trabalham mais só para pagar as contas e as dívidas,
Para não ficar devendo no comércio e nem a ninguém.
Ninguém quer perder ou ter prejuízos nesta vida!
Por isso todos devem pensar, agir e trabalhar certo!
"A vida é uma luta, por uma vida melhor e vitoriosa!
Quem luta e trabalha certo, melhora a vida e vence!".
Felizes são os que pensam, agem e trabalham certo,
Com inteligência, perseverança, prudência e respeito!
Queremos um mundo melhor, sem injustiças e sem violências!
Queremos a paz e a felicidade, sem desigualdade social!
Vamos pensar e agir certo, trabalhar e servir bem,
Com amor espiritual e fraternal, pelo bem de todos.

Avareza

O camarada muito apegado ao dinheiro,
Aos bens materiais e às coisas agradáveis
Deste mundo materialista, dos espertos e ricos.
Muito tranquilo, dizia para si mesmo e para todos
Que não acreditava em Deus, nem na Sua justiça,
Nem no Seu poder e nem na Sua providência.
Dizia que os crentes inventaram Deus para fugir
Da dura realidade, do sofrimento e das tristezas da vida.
Porém, num belo dia, ele pensou, meditou e disse para si mesmo:
"Se Deus fizer o que eu quero e me ajudar a ganhar bastante dinheiro,

Passarei a acreditar Nele, vou confiar, com fé e boa vontade".
Assim, o avaro trabalhou muito, ajuntou dinheiro e economizou.
Abriu uma padaria na vila onde mora com a família.
Orou e pediu ao Senhor Deus que o ajudasse a vender bem
Os pães e outros produtos alimentícios que ele fabricava.
No começo, o pão-duro foi feliz, teve boa sorte e prosperou,
Vendeu bem os seus produtos e ganhou bastante dinheiro.
Já estava meio rico, vivendo uma vida cômoda e tranquila,
Mas o infeliz se esqueceu de pedir a defesa e a proteção divina.
Um dia, dois bandidos, armados de revólveres, entraram
Na panificadora, foram direto ao caixa e deram voz de assalto.
Os perversos ladrões encostaram as armas na cabeça do avaro
E o obrigaram a entregar todo o dinheiro do cofre a eles.
Com muito medo e pavor, o infeliz voltou a pensar em Deus
Porque temia pela sua vida, pela sua família e pelos empregados.
Mas o seu prejuízo foi só o material e emocional, graças a Deus,
Pois os bandidos só levaram o seu dinheiro e nada mais.
Assim, o camarada arrependeu-se dos seus erros e mudou de vida.
Tornou-se um cristão fiel, gentil, humilde e ordeiro e com Deus.
Às vezes, o prejuízo material faz a pessoa voltar-se para Deus Pai.

A paz não é utopia

Animados, firmes e unidos,
Vamos fazer a política certa,
Do bem, da justiça e da paz,
Com bondade, ordem, prudência,
Segurança, sinceridade e união,
Com respeito a todas as pessoas,

Sem contendas e sem partidos.
Vamos fazer a política do amor
Espiritual, fraternal e social,
Em que todos são iguais,
Irmãos leais e livres,
Perante o bem, a justiça,
A lei e a ordem divina!
A política social se faz
Com união, respeito e paz,
Ordem, lealdade, justiça,
Honra, bondade e amor!
Vamos servir e trabalhar
Para o bem de todos,
Pois todos querem viver
Em paz e ser felizes!
A vida deve ser vivida
Com amor, bondade,
Consciência e dedicação!
A felicidade e a paz estão
Dentro de cada alma que ama!
Vamos pensar e trabalhar certo,
Com perseverança e prudência,
Para que todos sejam felizes
E vencedores com Deus Pai.

E assim vive e morre o buda mole

É meio iluminado pela inteligência,
Que ele usa sem cuidado, errado e pouco.
Só pensa e usa a inteligência quando quer.
É apagado pelos erros e pelos vícios,
Pela ignorância e pela ilusão que o dominam;
Pela preguiça de pensar certo, de usar o juízo
E de buscar a verdade, a sabedoria e o bem.
É acomodado na ignorância e nos prazeres.
Tem resistência e saúde só no corpo perecível.
Tem mais sorte do que juízo e consciência!
Bebe cachaça igual a um gambá e a uma irara!
Come muito, mas se alimenta errado,
E fuma igual a um caipora!
É bastante ativo e esforçado.
Trabalha muito, porém ganha pouco,
Por ser um trabalhador braçal atrasado,
Que tem pouco conhecimento e cultura.
É um buda mole que leva uma vida dura.
É desonrado e derrotado,
Por seu próprio espírito fraco,
Dominado pelas ilusões e vícios.
De repente, o camarada começa
A sentir fortes dores no corpo
E na cabeça, que o fazem cair,
Depois de perder as forças no corpo,
Derrotado pela cachaça e pela fumaça

Dos vícios que ele tanto gostava.

Porém a cachaça, junto com a fumaça,

Destruíram a valiosa saúde do gozador,

Causando a sua morte e derrota.

Cuidado com as ciladas

O falso esperto, materialista, pretensioso e soberbo,

Gozador da vida mundana e dos prazeres nocivos,

Vive enganado por seu próprio espírito infiel

Mas, também, vive enganado pelo diabo!

O inferno está cheio de falsos espertos,

Que desprezaram ao Senhor Deus Pai

E pensaram que não precisam Dele,

E de ignorantes enganados e culpados!

Porém não há nenhum inocente no inferno,

Porque o Senhor Deus não condena os inocentes!

Ele defende e livra a todos os que evitam os males,

As culpas, as injustiças, as maldades, os vícios e as violências,

Assim, não os deixam cair nas ciladas dos espíritos malignos,

Que atraem e enganam os ignorantes, falsos espertos e culpados.

O diabo é o pai da mentira, da maldade, dos pecados e dos vícios.

O infiel despreza o Senhor Deus e depois quer ir para o céu!

A culpa condena e castiga o falso esperto que faz o mal.

O covarde é desleal, impulsivo, maldoso, raivoso e violento,

Usa a sua força e ataca o mais fraco, indefeso e inocente,

Domina, maltrata e prejudica a quem não pode se defender.

A vida humana é bela, divina e maravilhosa! É um milagre!

Por isso deve ser vivida com bondade, amor, fidelidade, zelo,

Respeito e obediência às leis e às ordens divinas!
Quem quiser viver bem e ser feliz para sempre
Deve fazer a vontade de Deus Pai e ser fiel.
Deve se esforçar e amar a Deus acima de tudo,
E amar ao próximo como a si mesmo!
Felizes são os que confiam na justiça,
No poder e na providência divina,
Com todo o amor, fidelidade e zelo.

O leiteiro e as vacas

Nas verdes pastagens do sítio,
Bem próximo de um ribeiro,
A vaca amamenta o bezerro.
Com o seu instinto materno
E muito carinho de boa mãe,
Ela lambe a sua cria, com bondade,
Enquanto o seu dono, o bom lavrador,
Que também é leiteiro e fazedor de queijos,
Espera as vacas amamentarem os bezerros,
Que, em seguida, serão apartados das mães
Para que elas produzam mais leite,
E, assim, o leiteiro vai ordenhar
As vacas que ele possui no sítio,
Para vender o leite na cidade,
E também para fazer os queijos.
O bom e humilde lavrador e leiteiro
Tem consciência e a usa, com bondade!
Por isso ele nunca abate as suas vacas,

Que produzem o bom e saboroso leite.
Por sua vontade, elas só morrerão de velhice.
Ele fica muito triste quando precisa vender
Uma vaca leiteira, para ser abatida e carneada.
Mas ele não é fazendeiro e não tem condições
Para criar muitas vacas leiteiras em seu sítio.
Porém com a sua bondade, dignidade e honra,
Ele não tem inveja de ninguém nesta vida,
Nem do fazendeiro mais rico e feliz deste mundo.
Com a sua bondade e humildade ele é um herói!
Quem quiser ser bom, herói e sábio para Deus Pai
Não deve ter preguiça de buscar a verdade e a paz.

Amor à justiça e à paz

A injustiça gera o ódio e a violência
Para os desequilibrados, raivosos e vingativos,
Porém gera a fome e a sede de justiça
Para os que amam a justiça, a ordem e a paz.
Um rico maldoso, indigno e covarde
Usa a força contra o fraco e pobre,
Engana, é desonesto, desleal e trai.
É soberbo, injusto, infiel e astuto.
O indivíduo nunca amou o bem,
A bondade, a justiça e a paz.
Nunca amou a sabedoria divina,
Mas pensa que é esperto e sábio!
Não quer conhecer a verdade.
Também não quer crer nela.

Porém quer ir para o céu
Quando deixar este mundo.
Com a sua falta de consciência
Ele tem orgulho de ser ridículo!
Todas as almas querem ir para o céu,
Porém nem todos querem amar
E obedecer às leis e às ordens
Do Senhor Deus Pai Onipotente,
Justo, fiel, bom e amável,
Para o povo que O serve bem,
E obedece com amor e bondade
E se arrepende das suas culpas,
Quando erra e O desobedece,
Deus perdoa a quem se arrepende
Dos seus pecados e se converte para Ele,
E vive com amor, fidelidade e honra.

O amor é divino e humano

Foi por amor divino e infinito,
Perfeito, sábio, seguro e supremo,
Que este mundo foi criado
Por Deus para nós, o seu povo.
O amor verdadeiro é bondade,
Com fidelidade e justiça! É heroico,
Sábio, sadio, seguro, sereno e sincero.
O amor que faz a alma perder-se e sofrer
Não é amor, é ilusão, é paixão, é vício;
É sofrimento, tragédia, transtorno e tristeza.

Ninguém bebe, embriaga-se e cai doente e sofre
Por amor e pela felicidade verdadeira que todos querem!
Porque o amor verdadeiro não leva ninguém ao vício.
E nem à perdição, ao erro e à derrota espiritual e moral,
E não faz ninguém perder o juízo e a vergonha!
O amor verdadeiro não engana e não trai;
Só faz o bem e faz a verdadeira felicidade!
A falta de amor faz mal à saúde do corpo e da alma!
O amor que engana, engorda e mata o infeliz, não é amor,
É ilusão, paixão, é vício, com falsos prazeres, que matam!
O falso gozador da vida, não ama, mas goza,
Enquanto engana a si mesmo e quer enganar os outros!
O amor verdadeiro é divino, mas a paixão é humana.
Atenção! A paixão pode tornar-se diabólica e matar!
Tenha consciência e juízo e muito cuidado com ela!
A paixão leva o indivíduo ao vício e pode levá-lo ao crime.
O amor, a bondade, a consideração e a dedicação
Estão dentro da alma e do coração de cada pessoa.
Basta querer amar e ser bom, é preciso se esforçar.
E vale a pena se esforçar e amar para ser feliz com Deus.

O iludido

O ignorante é enganado e prejudicado
Por seu próprio espírito, que ama o erro.
Esse infeliz não busca a verdade,
Não a ama e nem quer crer nela,
Porque a ilusão e a mentira
São mais agradáveis a ele

E lhe dão muito prazer
E uma falsa felicidade.
Ele ama e goza fazendo o mal.
Leva uma vida de pecados e vícios.
Leva a vida tranquilamente,
Nos prazeres, na ilusão e nas emoções,
E divertindo-se com os erros e pecados.
Goza a vida e não se preocupa
Com a derrota espiritual e moral,
Com a desonra e o escândalo!
O infeliz não confia na justiça
E nem na providência divina!
A ignorância engorda e mata,
Mas ninguém deve ter medo dela.
Ela só mata o indivíduo insensato,
Que faz o mal por ilusão e vício,
Que não ama e não busca a verdade.
Todos devem ter vergonha da ignorância.
Da desonra e da derrota moral e espiritual.
O ignorante não é inocente! É idiota mesmo!
Todos devem buscar a verdade e a sabedoria e a paz
Sem medo de ser feliz, justo e vencer os males.
Quem não busca a verdade e a justiça é infeliz!
Mas o Senhor Deus quer salvar a todas as almas.

O tonto e fraco de espírito

O sujeito está com muita vontade
De beber uma cachaça bem forte.
Está dominado pelo desejo de beber,
Pois não consegue se dominar e ser firme,
Por ser um indivíduo de espírito fraco.
Assim, ele pega a garrafa e o copo,
Enche o copo de cachaça e bebe.
Logo fica tonto, quase caindo.
É o vício que enfraquece o sujeito
Que está dominado pelo espírito
Da cachaça, que prejudica a saúde,
Física e mental do triste e infeliz
Que sofre o mal da embriaguez,
Esse vício que tanto faz mal,
Até mata os que bebem cachaça
E outras bebidas alcoólicas.
Ninguém precisa beber
E embriagar-se para gozar
Esta vida que Deus nos deu,
Com todo o amor e bondade.
A vida é dura para quem sofre
Por falta de consciência e juízo
E, assim, sofre a vida dura,
Dominada pelas ilusões e vícios.
Ninguém quer perder e sofrer
Neste mundo de desafios e lutas,
Por isso todos devem usar o juízo,

A inteligência e a consciência,

E confiar na justiça, no poder,

E na providência divina e amar.

De derrotado a vencedor

O indivíduo queria viver e gozar a vida

Sem justiça íntima, sem Deus e sem Cristo,

Mas... Com liberdade, "paz" e prazeres torpes.

Só queria fazer a sua própria vontade

E, assim, desprezava o Senhor Deus Pai,

Que lhe deu a consciência, a inteligência,

O juízo e a memória, de graça, e com amor,

Para que ele pensasse e trabalhasse bem e certo,

Ajudando a si mesmo e ao próximo, com honra!

Porém o infeliz não ajudou a ninguém,

Com a sua falta de consciência moral!

O desavergonhado, desonesto, indigno e infiel

Foi covarde, desleal, espertalhão e maldoso.

Foi um gozador da vida desregrada e sem Deus!

Não usou o juízo que Deus lhe deu de graça

E, por ignorância, envolveu-se com o diabo!

Abusou, por estar com boa saúde no corpo,

E com a inteligência e o juízo normais.

Mas, de repente, o sujeito ficou doente,

Sentindo fortes dores no corpo inteiro e febre.

Por isso, logo pensou em Deus e se arrependeu

De todas as culpas e pecados que cometeu

Em sua vida mundana, cheia de ilusões.

Em sua ignorância ele teve vários vícios,

Pois o infeliz não viveu a vida espiritual,

Só quis se divertir com prazeres nocivos,

Que se transformaram em dores e sofrimentos.

Mas ele se arrependeu das suas culpas e pecados,

Pediu perdão a Deus e converteu-se, com fidelidade.

Assim, o Senhor Jesus o perdoou e salvou a sua alma.

A justiça é divina

Quem ama a Deus e à Sua justiça,

Ao próximo e à sabedoria divina,

Tem mais saúde no corpo e na alma,

Vive mais e melhor, é feliz e vencedor!

É um sábio e herói e nunca será derrotado!

A verdadeira justiça é divina.

Mas as injustiças, as maldades,

Os vícios e as violências são humanas,

Mas são diabólicas e infernais também!

A natureza não faz injustiças,

Nem maldades e nem violências.

O mundo, a natureza e a terra

Não fazem o mal a ninguém!

Muitos indivíduos fazem o mal

Por ignorância e por orgulho torpe,

E pensam que são superiores e felizes.

Porém não passam de covardes infelizes

E indignos derrotados espirituais por si mesmos!
Se você percebe que há muitos ignorantes e covardes
Neste mundo que Deus criou por amor e bondade,
Você tem o dever de ser um sábio e herói da justiça
No meio dos ignorantes desavergonhados e covardes,
Que só fazem o mal neste mundo de Deus!
Esta vida que vivemos não é nossa,
Ela pertence ao Senhor Deus Pai!
O indivíduo tem que ser muito idiota
Para desprezar o Senhor Deus Pai e Criador
E pensar que não precisa Dele para viver!
A culpa condena e castiga a quem faz o mal,
Por isso todos devem evitar o mal e praticar o bem.

O fim do falso herói

Até ficar gravemente doente e fraco,
Sofrendo fortes dores no corpo e febre,
Um rico indigno, gozador, desonesto e covarde,
Que gostava de enganar e prejudicar
Os trabalhadores pobres, modestos e humildes,
Tornou-se um "poderoso e admirado herói",
Por ter muito dinheiro nos cofres e bancos!,
Por ser rico e ter poder econômico e político.
O espertalhão tornou-se um "genial herói",
Para o seus admiradores e bajuladores!
Os seus fãs, crédulos, ignorantes e tolos,
Que não conheciam a verdade sobre ele,
Sobre o mau procedimento e as astúcias

Desse indivíduo desonesto e enganador,

Que de tanto enganar o povo crédulo,

Tornou-se um rico e poderoso empresário,

Dono de muitas propriedades e empresas fortes e ricas!

Deus não criou os seres humanos para serem covardes,

Desavergonhados, desonestos, indignos, injustos e maus!

Deus criou todo o Seu povo e as Suas criaturas

Com todo o amor, bondade, consciência e zelo,

Para ser um povo fiel, honesto, humilde,

Justo, leal, ordeiro, servidor e unido,

Para viver bem, em paz e ser feliz!

Deus castiga os desonestos e maus!

E, assim, o falso herói foi castigado,

Por sua culpa e pela justiça divina.

Mas ele arrependeu-se dos seus pecados

E com amor converteu-se para Jesus Cristo,

Com fidelidade, firmeza, gentileza e honra.

O mundo cão

Quem pensa errado, age errado também

E, assim, vive, sofre e leva a vida no mundo cão,

Das injustiças, das maldades, dos vícios e das violências,

Praticadas pelos injustos, indignos, fúteis e desonestos,

Que, na realidade, são covardes, maldosos e violentos!

O falso esperto é o verdadeiro idiota,

Que ama a mentira e acredita nela!

Tem preguiça de buscar a verdade.

Não ama a sabedoria e a justiça.

Não ama a paz, mas quer viver em paz!
Não respeita, mas quer ser respeitado.
Está errado, mas quer ter razão!
Mente para si mesmo e é enganado
Por seu próprio espírito, dominado pelo egoísmo,
Pela ignorância, pela ilusão e pelo orgulho torpe,
E quer enganar e mentir para o povo sofredor!
O mundo cão é dos espertos e enganadores,
Desavergonhados, cínicos, canalhas e astutos,
Onde todos querem enganar e roubar a todos
E, assim, todos desconfiam de todos,
Por isso vivem com muito cuidado
E muito desconfiados também.
Quando um dá e aperta a mão do outro,
Logo fica desconfiado e conta os dedos
Para ver bem se não foi roubado!
É mais fácil para um covarde ficar rico
Enganando, prejudicando e traindo o povo
Trabalhador, ordeiro, modesto, humilde e fiel,
Do que para um trabalhador sério e honrado.
Mas Deus ajuda a quem trabalha certo.

Infâmia

Apesar de estar cheio de culpas e dívidas,
O indivíduo levava a vida sossegado e tranquilo.
Enganava, traía, trapaceava e não pagava o que devia.
Era desonesto e indigno, não honrava o seu próprio nome!
Porém deitava e dormia o sono dos injustos e desleais.

Era injusto, desavergonhado, sem consciência e covarde!

Queria viver tranquilo, gozar a vida fazendo o mal,

Enganando as pessoas de boa-fé, que não o conheciam.

Assim, conseguiu juntar e guardar bastante dinheiro.

Por meio ilícitos, ficou rico e poderoso comerciante.

Até sofrer uma doença muito grave e incurável,

Com dores fortes e terríveis e, assim, expirou.

A vida sem amor, sem bondade e sem respeito

É o caminho para a derrota espiritual e moral!

Se és rico de bens materiais, de dinheiro e ouro,

Seja rico também de amor, bondade e confiança em Deus.

Ele nos ama e quer nos dar a paz e a vida eterna,

No Seu Reino da Glória e a felicidade que não terá fim!

Ele é o Pai dos fiéis; é onipotente e infinitamente rico

De misericórdia, de justiça, de graça, de bondade e de amor.

Ame e tenha consciência espiritual; seja bom, justo e ordeiro!

Seja rico de amor espiritual, fraternal, moral e social!

A vida com Deus e o amor é a maior e melhor riqueza

Que podemos ter neste mundo, nesta vida e sempre!

Ela vale mais que todo ouro e todas as riquezas,

Que há neste mundo material, cheio de ilusões, injustiças,

Desigualdades sociais, covardias, maldades e violências!

Ame, seja digno e busque a melhor riqueza desta vida,

Que Deus te deu de graça e com amor, bondade e cuidado!

Essa riqueza é a vida com Deus, a obediência e o amor a Ele.

Atacar contra o crime

Em todos os lugares onde há vida e seres humanos
Que não amam a paz, a ordem e a justiça e o bem,
Há crimes, desordens, injustiças, maldades e violências!
Todos os males: desordens e crimes são praticados
Por indivíduos maldosos e covardes, dominados
Pelos vícios e manias de gostarem de fazer o mal!
Esses escravos do mal não usam a consciência, nem o juízo,
Por isso não respeitam e não obedecem às leis e nem às ordens,
Feitas e escritas para a paz e para o bem de todo o povo!
Muitos indivíduos não têm consciência e nem vergonha
De serem covardes, desonestos e injustos, que só prejudicam
E traem as pessoas, trabalhadoras, humildes e de boa-fé.
Pelo contrário, têm muito orgulho e vivem tranquilos,
Praticando o mal e a injustiça contra os mais fracos!
O orgulho dos soberbos, maldosos e covardes não vale nada,
Porém o seu preço é muito alto e amargo para eles
Quando sofrem as consequências dolorosas do mau orgulho!
O povo unido, trabalhador, solidário e perseverante usa a consciência,
Por isso respeita, obedece às leis e quer a paz e a felicidade
Que o Senhor Jesus Cristo promete a todos os fiéis que o amam!
Os bandidos e covardes levam a vida fazendo o mal por prazer!
Estão envolvidos com o diabo, por isso gostam de fazer o mal,
Pois se deixam dominar pelo espírito maligno das trevas!
Praticam o mal e a violência contra os indefesos e inocentes!
Mas serão punidos pela providência e pela justiça divina!
Ninguém nasceu ou foi criado para ser bandido, covarde e mau!
Porém tornou-se bandido e perverso por sua própria vontade!

Não há nenhuma desculpa para quem gosta de fazer o mal!
Todos devem saber que amar e fazer o bem só traz a paz
E a felicidade que todos querem nesta vida e sempre.

Enganado por si mesmo

O idiota está enganado
Por seu próprio espírito,
Cheio de vícios e pecados!
Espírito rebelde, orgulhoso!
Maldoso, injusto e errado!
Mas sempre quer ter razão!
O idiota tem muito orgulho
De ser desonesto e esperto,
Porém é um falso esperto;,
Pois o que tem não é dele!
O idiota é muito vaidoso,
Teimoso, estúpido e besta,
Pois usa a inteligência
Para pensar e agir errado,
E fazer o que não convém!
O idiota pensa que é feliz,
Porém é traído pelo diabo,
Por sua própria vontade,
Pois o infeliz é sadio e livre,
Pensa e tem o juízo perfeito!
Mas em sua ignorância, ilusão
E falta de consciência moral,
O infiel fala que não tem medo

De morrer e ir para o inferno!
Pobre e idiota desavergonhado,
Que tem consciência e juízo,
Mas não quer usar esses dons,
Que o Senhor Deus lhe deu de graça!
Mas ele pode e deve mudar de vida,
Fazer a vontade de Deus e vencer.

Entusiasmo

O poeta pensa bem e escreve
Os seus versos com bom ânimo,
Com todo o amor da boa alma
E do coração cheio de amor,
Bondade, carinho e dedicação!
A alma precisa de consciência,
Bondade, coragem e boa vontade
Para trabalhar certo e servir bem,
E ser útil ao povo e ao mundo!
O povo quer viver bem e em paz,
E ser feliz neste mundo de Deus,
Neste mundo que Deus Pai criou,
Por amor, bondade e carinho!
Mas a realidade é dura e séria.
Muitos indivíduos usam a inteligência
Para fazerem o mal por prazeres torpes!
Esse é o mundo cão da realidade,
Da vida e da natureza humana!

Mas o poeta tem entusiasmo e amor
E sabe que a natureza e a terra
Não fazem mal a ninguém.
Todos devem amar e respeitar
A vida, a natureza e a terra,
Com amor, bondade e consciência!
Todos devem servir e trabalhar certo
Unidos, com respeito e bom ânimo!
Ninguém deve viver na ilusão e no erro,
Ter vícios e sofrer por causa deles!
Todos devem buscar com amor
A paz e a felicidade para todos.

A autobiografia poética de Lou Aguiar

Lou Aguiar é o nome artístico e social de Lourival Aguiar Ferreira,
Que gosta de escrever causos e mensagens em prosas e versos.
É cultor e amante da poesia e da prosa poética sábia e sadia.
É natural do município de Barra da Estiva, na região
Da Chapada Diamantina, um belo poema da natureza,
Uma maravilha que encanta, com as suas belezas naturais, as pessoas
Que a visitam e observam bem de perto, com atenção e boa vontade.
E está localizada bem no centro do reino especial,
Que é o estado da Bahia, que está na consciência,
Na inteligência e na memória dos brasileiros que gostam de ler,
Com atenção, a história do Brasil, que começou no histórico e amável
estado da Bahia, um reino especial de sábios e heróis dignos,
Feitos de bondade, amor, honra, inteligência e atividade.

Foi lá que Lou Aguiar nasceu, em 9 de junho de 1957.

Sua família mudou-se para o fértil, generoso e produtivo

estado do Paraná em 10 de agosto de 1961, com esperança.

Foi morar na região de Maringá, próximo ao Rio Ivaí, num sítio.

Mudou-se em 4 de junho de 1968 para Iretama, pequena cidade

Localizada bem próximo ao centro do estado do Paraná,

Onde tomou gosto pela leitura de bons livros e amor,

Pela cultura universal, pela literatura e pela arte.

"Na alma do poeta está o amor pela arte, pela poesia

E pela prosa sábia e sadia! Assim, na sua vida e atividade,

Faz e realiza a arte e a beleza, que encanta a que ama!

O coração do bom poeta está sempre cheio de amor e bondade

Para amar, viver e lutar em busca do bem, da felicidade e da paz".

Lou Aguiar é filho de Antônio José Ferreira e de Carmelita Aguiar Ferreira.

É casado com Ana Rosa Rodrigues Ferreira, é pai de Marcos Roberto,

E reside na cidade de Pinhais, bem ao lado de Curitiba,

A bela encantadora capital do nobre estado do Paraná.

Mensagem para a família

Pense certo, ame e faça o bem.

Seja ordeiro, honrado, gentil e amável.

Tenha educação espiritual e respeito!

A família precisa de união vitalícia.

De segurança, respeito, justiça e amor!

A família deve permanecer sempre unida,

Mesmo com dificuldades, problemas e sofrimentos!

Uma família desunida não tem paz e não é feliz!

Mas os que amam e fazem o bem são felizes!

A vida é bela e heroica para quem ama e faz o bem!
Lute e seja o herói da tua própria história e da tua vida,
E do teu povo, com boa vontade, honra, firmeza e amor!
O inteligente dominado pelos vícios, pecados e covardias
É um inteligente idiota! É um derrotado espiritual.
É um triste tonto e fraco de espírito e de caráter!
A vida deve ser vivida sem vícios e sem violências,
Mas com amor espiritual, fraternal, moral e social!
Sem respeito, lealdade, justiça, gentileza e amor
Não há segurança, nem paz e nem alegria!
Os pais e mães precisam ser justos e bons,
Preparados, firmes e bem-educados,
Com honra e educação espiritual
Sábia, sadia, segura e sincera,
Para educar bem e com justiça,
Os seus filhos, filhas e dependentes;
Com segurança respeito, firmeza e amor,
Para que todos vivam bem e em paz
E tenham a verdadeira felicidade,
Que todos querem nesta vida e sempre!
Essa é a vontade de Deus Pai dos fiéis.

Mensagem do coração

Na alma do poeta estão o amor, a bondade
E o bom ânimo, na busca da sabedoria e da beleza.
Em todas as mensagens e poesias que ele compõe
Estão a criatividade, a dedicação, o entusiasmo,
O esforço, a firmeza, a inspiração, a inteligência,

A prática, o talento e o amor pela arte, pela poesia
E pela agradável e boa prosa, com uma mensagem!
Assim, na sua vida, pensamentos e atividade,
O poeta pensa, faz e realiza a sua bela arte,
E a beleza que encanta a quem ama,
Faz o bem e busca a felicidade e a paz!
O bom poeta ama e faz o bem com amor,
Fiel, justo, ordeiro, sábio, sadio e solícito!
O coração do bom e nobre poeta
Está sempre cheio de amor
E de bondade para amar,
Viver, lutar, servir e ser útil;
Buscar o bem, a felicidade
E a paz para todo o povo,
Bom, gentil, humilde e ordeiro,
Que só quer viver bem, em paz,
E ser feliz, com amor e bondade!
Todos querem a paz e a felicidade!
Todos devem amar a vida e a natureza,
Com amor justo e cheio de bondade fiel!
A alma precisa de amor e de consciência
Para viver bem, em paz e ser feliz!
A voz do fiel é a voz de Deus.
A voz do povo faz a fama.
Deus ajuda quem age certo.

Ilustração do autor